9988
행복여행

9988 행복여행

박태순 지음

나녹
那碌

All rights reserved.

All the contents in this book are protected by copyright law. Unlawful use and copy of these are strictly prohibited.

Any of questions regarding above matter, need to contact 나녹那碌.

이 책에 수록된 모든 콘텐츠는 저작권법에 의해 보호받는 저작물이므로 무단전재와 무단복제를 금합니다.

나녹那碌 (nanoky@naver.com)으로 문의하기 바랍니다.

9988 행복여행

초 판 1쇄 인쇄 2021년 8월 15일
초 판 1쇄 발행 2021년 8월 20일

지은이   박태순
펴낸곳   나녹
펴낸이   형난옥

출판등록 제300-2009-69호
주소 서울시 종로구 평창21길 60번지
대표전화 02-395-1598 팩스 02-391-1598

ISBN 978-89-94940-09-0   03810

머리말

자전적 행복 에세이를 펴내며

자전적 행복 에세이를 펴내는 사람은 나름대로 자기가 인생을 살아오면서 성취한 것이 많고 그것을 세상 사람에게 알리고 싶은 충동을 느낀 경우가 대부분일 것이다. 그러나 저자는 지금까지 괄목할 만한 성공을 거둔 내용을 썼다기보다는 보통 사람으로 살아오면서 보고 느낀 내용을 조명해 보았다. 특히 불특정 모두의 관심사인 행복에 관련한 내용을 기록으로 남겨보려는 도전에서 가능했다고 생각한다.

전역 후 이모작 인생에서 기자활동을 하며 글쓰기에 큰 동기가 부여되었고 특히 아픈 상처를 치유하는 삶 속에서 아픈 만큼 내적인 작은 성숙이 있었던 것도 사실이다. 그동안 부딪히고 체험했던 것들을 기억에서 떠나기 전에 기록으로 남겨, 누군가에게는 등불이 되고 깨닫는 행복으로 선물하고 싶었다. 우리 속담에 '구슬이 서 말이라도 꿰어야 보배'라는 말이 있듯이 처음으로 구슬을 꿰는 시도를 해보았다.

이 시도가 독자들에게 자신을 성찰해 보고 행복으로 가게 하는 작은 지혜서가 되기를 염원한다.

나의 삶을 돌이켜보면 육사를 졸업하고 우직한 야전군인으로서 못다한 꿈도 많다. 정규과정을 이수한 장교로서의 자긍심, 명예심, 책임감 등이 어깨를 짓눌렀지만 오뚜기처럼 그때그때 생기를 보충하면서 영예로운 직업군인의 길을 걸어왔다. 순탄한 꽃길을 걸어오며 최선을 다해 근무했다.

그러나 중차대한 시점에서 역학적 구도, 정치적 배경 등이 불리하게 조성되어 고배도 마셔야 했다. 숙명이려니 생각하고 씁쓸한 마음을 자존감으로 치유했다. 그 와중에 사랑하는 사람을 잃었고 내 인생의 최대 고비를 맞아 갈등과 방황으로 한동안 허망한 삶을 살았다. 또 다른 사랑과 안식을 찾는 데는 몇 년의 시간이 필요했다. 내 몸속의 나이테를 볼 수 있다면 그때가 가장 조밀하게 짜여 있을 듯하다.

퇴역 후 예비역이 할 수 있는 업무로 합참과 육본에서 제기하는 정책 논문을 쓰기로 했다. 시간에 구애받지 않고 그동안 군 생활에서 농축한 경륜을 '뱉어내는 누에'처럼 열정적으로 한 해에 한 편 이상의 논문을 썼고 총 9편을 제출해 좋은 평가도 받았다. 논문을 익숙하게 쓸 수 있을 즈음 후배들에게 배턴을 넘기고 무엇을 할까 고민하였다.

우연히 시니어 기자 모집에 응시했고 면접과 동시에 취업이 되었다. 기자직에 문외한이었지만 논문이나 글을 좀 써봤던 경험으로 자신감을 가지고 일했다. 틈틈이 행복에 관련한 편린들, 감동 사연, 노후를 위한 건강정보, 여행 수기 등을 쓰면서 인생길에 도움이 될 만한 이야기들을 나의 파일에 저장해 두었다.

한번도 경험하지 못한 코로나19 정국을 겪으며 문득 『9988 행복여행』으로 출간하고 싶은 충동을 느꼈다. 특히 '큰바위 얼굴'들의 훌륭한 삶 그리고 평범한 사람들의 감동 사연, 내가 범했던 과오나 실수까지도 분명히 동시대를 사는 사람들에게 타산지석의 교훈이나 행복바이러스가 될 수 있다는 믿음이 생겼다. 요컨대 나 혼자 접하며 적지 않은 감명을 받았고 그 내용들을 통해 나 자신을 반성하고 인생을 다시 되돌아보게 했던 실화와 인생 이야기 등을 하나로 묶어 지인들과 공유하려는 시도가 이 책을 내게 된 소박한 이유이다.

마지막으로 평소 저자가 좋아하는 두 편의 시를 소개하고 싶다.

1971년, 겨울의 매서운 추위와 눈을 충분히 감상할 수 있었고, '두더지 생활'이라는 별칭이 붙은 1학년 육사생도 시절이었다. 무척 바쁘게 돌아가는 일상에서 시를 접할 여유는 추호도 없었다.

그런데 눈이 펑펑 내리는 어느 날 오후, 마지막 수업이 종료되기 전 "오늘 날씨에 어울리는 시를 하나 소개한다."라고 한 교관은 오탁번 중위(후에 고려대 국문과 교수 재직)였다. 칠판에 시 한 편을 적고 실제 장면이 그려질 정도로 해설을 하는데 너무나 서정적이고 감동적이었다. 아마 바쁜 두더지 생도들에게 마음의 여유를 가지라는 취지였던 것 같다.

그 후 눈 내리는 날에는 여지없이 로버트 프로스트의 이 시 구절을 되뇌고 음미하며 그때로 돌아가곤 한다.

눈 내리는 저녁 숲가에 멈춰 서서

이 숲이 누구의 숲인지 나는 알겠다.
그의 집은 마을에 있지만
그는 내가 여기 서서 눈이 가득 쌓이는
자기 숲을 보고 있음을 보지 못하리라

(중략)

아름답고 어둡고 아늑한 숲속
그러나 내겐 지켜야 할 약속이 있고
자기 전에 가야 할 먼 길이 있다
자기 전에 가야 할 먼 길이 있다.

프로스트, 『불과 얼음』, 정현종 옮김

이 시에 대해 어느 평론가는 '조용히 눈 내리는 저녁'이 죽음에 대한 차분한 태도를 의미한다고 했다. 하지만 시의 의미는 읽는 이에 따라 달라진다고 생각한다. 저자는 함박눈이 내리는 서정적인 초저녁에 가던 말을 잠시 세워 상념에 빠져든 여유로운, 그러나 '책임감이 강한 신사의 모습'이 연상된다. "그러나 내겐 지켜야 할 약속이 있고, 자기 전에 가야 할 먼 길이 있다 / 자기 전에 가야 할 먼 길이 있다."라는 마지막 부분에서 특히 '삶의 강한 열정'이 느껴진다.

다른 한 편은 할머니 시인 '시바타 도요'의 「약해지지 마」이다.

일본의 『산케이신문』에 시를 연재하여 많은 사람의 공감을 자아냈다. 98세가 된 시인이 일상의 소중함을 싱그러운 감성으로 그려내면서 바르고 아름다운 삶의 방식에 대해 이야기한다. 일상의 소중함, 따뜻한 추억뿐 아니라 98세의 나이이기 때문에 건넬 수 있는 조용한 충고와 지혜도 꺼내놓는다.

'자연의 흐름에 순응'하면서도 동시에 '삶에 대한 열정'으로 일상을 꾸리는 삶의 방식을 온몸으로 가르쳐주고 있는 듯하다.

약해지지 마

있잖아, 불행하다고 한숨짓지 마.
(중략)
꿈은 평등하게 꿀 수 있는 거야
(중략)
살아 있어 좋았어
너도 약해지지 마.

시바타 도요, 『약해지지 마』, 채숙향 옮김

이 책에 실린 내용들은 대부분 나 자신의 경륜에서 비롯한 것이고 직접 접했던 자료들이지만 간혹 새로 각색하는 과정에서 반영된 일부 내용은 출처를 부득이 밝힐 수 없었음을 첨언한다. 바라건대 독자들께 저자가 인생을 살아가면서 기록한 이 메시지들이 '감동과 울림의 메아리'가 됨은 물론, '행복한 삶의 여정'을 나서는 계기가 되길 기대해 본다.

끝으로 나를 오늘의 위치에 있게 해준 존귀하신 하나님, 조국 대한민국, 친지 그리고 친구들에게 무한히 감사하며 이 책이 나오기까지 격려를 아끼지 않은 아내와 가족, 특히 책의 전자문서화 작업에 참여해준 둘째 딸 누리에게 고마움을 표한다.

기꺼이 출판에 응해 주신 출판사 나녹의 형난옥 대표께도 깊은 감사를 드린다.

2021. 6. 고희를 맞은 여름

지은이 박태순

차 례

머리말 · v

제 1 부 소확행

긍정의 삶, 행복의 출발 · 3
행복은 '감사하는 마음'에서 성장 · 4
행복을 키워주는 감사 덕목 · 6
'꿈을 가진 이'가 더 행복 · 7
더불어 사는 행복한 세상 · 8
행복이란 · 10
행복, 마음속에서 꽃처럼 피어나는 것 · 12
행복, 마음을 단련해야 얻을 수 있다 · 13
행복의 주인공 · 14
행복의 5가지 유형 · 15
행복이 머무는 곳은 '내 마음속' · 17
오늘을 선물처럼 살아야 행복 · 19
'나중'은 없다 · 21
'지금'을 즐겨야 바로 행복 · 23
돈으로도 살 수 없는 행복 · 24
행복은 향수와 같다 · 25
국민 행복을 창출하는 '얀테의 법칙' · 26
오복에 관한 이야기 · 28
행복해질 수 없는 두 부류의 사람들 · 31

행복한 노후 '자식으로부터 독립' · 34
행복해지는 노후준비 7원칙 · 36
행복한 노후 '5자'의 실천 · 38
행복한 노후, '관계 설정'에 있다 · 40
100세 행복론, '좋은 관계'가 행복을 결정 · 42
보다 크고 '영원한 행복' 찾기 · 45
낮은 마음으로 '진정한 행복' 찾기 · 47

제 2 부   긍정 · 감사 · 사랑의 행복 바이러스

긍정적 언어가 주는 행복 세상 · 51
긍정의 힘, 이 또한 지나가리라 · 53
'빨리빨리'와 여유 · 55
'좋은 생각'은 행복의 지름길 · 57
새벽 4시에 치러진 장례식 · 58
약속을 지킨 '무역상인' · 60
추수감사절 · 62
풍요롭게 하는 '감사 십계명' · 65
노인의 '감사기도' · 68
유대인 속담에 담긴 '무한 감사' · 70
'헬렌켈러'의 소박한 감사기도 · 71
가화만사성 이야기 · 72
'사랑'이라는 위대한 약 · 74
가장 아름다운 배웅 · 75
'아름다운 인연'을 쌓은 이야기 · 77
희생적인 사랑이 낳은 영국 제34대 총리 · 79
인간 승리, 지고한 가족사랑 · 81
'화중구출'에서 깨닫는 의미 · 84

지켜지지 않은 '어느 부부의 약속' · 86
진정한 명예심 '노블리스 오블리제' · 88

제 3 부 행복자산

건강지침 10계명 · 93
'스티브잡스'가 병상에서 남긴 메시지 · 97
세상낙원의 함정 · 99
자식들에게 전하고 싶은 7가지 · 100
운동하기 싫은 사람, 대안 운동 3가지 · 102
운동할 때 수분 섭취요령 · 104
허벅지 근육 단련에 탁월한 뒤로 걷기 · 106
여름 건강, '8가지 폭염 극복 비법' · 108
겨울 건강, 자연 적응하는 신체 변화 5가지 · 110
겨울 건강, 넘어지면 죽는다 · 112
겨울철 찾아오는 '우울증' 예방비법 · 114
췌장을 살리는 식습관 · 116
한국인 영양상태 '칼슘 부족' · 119
식초 예찬 · 121
'파김치'로 당뇨, 암 치료 · 123
남성 갱년기 대비 · 125
신중년 건강, '웰스'보다 '헬스' · 127
다리가 튼튼해야 장수 · 129
근육 키우려면 '식후 운동' · 132
탄수화물 '부족하면 더 큰 문제'· 134
'가을 사과' 5대 효과 · 136
당뇨 식단 관리 · 139

당뇨 식사 3원칙 · 141

당뇨 환자 당류섭취 줄여야 · 143

한 달에 12번 사랑하라 · 144

제4부 웰에이징

'멋있게 늙는' 9가지 원칙 · 149

어느 노인의 인생철학 '불요파 불요회' · 153

인생에서 '제일 좋은 때' 70대 · 154

'조고각하'가 주는 의미 · 156

여생지락 · 158

부원병 취사기 소고 · 159

'젖은 낙엽'은 되지 말자 · 161

아흔 살에 암이 준 선물 · 163

어느 '95세 어르신'의 참회 · 165

평균수명 120세, 축복인가 재앙인가 · 167

100세 시대의 리스크 · 168

웰다잉, 잘 준비된 죽음 이야기 · 171

대한민국 노인 '영양상태' 보고서 · 174

겨울철 노인 건강관리 보고서 · 176

노년의 근력운동, 인지기능 향상 · 178

치매예방, 계단 '오르락내리락 운동' · 179

일본에서 유행하는 '졸혼' · 180

행복한 노년의 삶을 준비하는 지침 · 182

필독서 『백년을 살아보니』· 185

'실버 파산' 피하는 5계명 · 187

최상 재테크 '자녀의 경제적 독립' · 189

사람답게 늙는 법 · 191

100세 건강, '쾌청'하게 하는 비결 · 192
100세 건강, '일광욕'의 놀라운 효과 · 194
기분 좋아지는 건강뉴스 10가지 · 198
100세 건강, '탄탄한 하체' · 201
일상음식 중의 '4대 항암제' · 204
'당뇨병 예방'에 좋은 식품 6가지 · 207
100세 건강, '노인의 성'도 적극적으로 · 210
노년의 성, '사랑의 운동 효과' · 212

제 5 부 '큰 바위 얼굴'들이 주는 메아리

동서양의 문화를 교류시킨 '칭기즈칸' · 217
노예를 해방한 '에이브러햄 링컨' · 220
퇴임 후에 더욱 빛난 '카터' 대통령 · 224
정치 교과서가 된 '타게 엘란데르' 총리 · 225
통 큰 용서를 실천한 '넬슨 만델라' 대통령 · 228
무릎 사죄한 '하토야마' 총리 · 231
성녀, '테레사' 수녀 · 232
통 큰 기부자가 된 '마크 저커버그' · 234
역발상의 기업인 '정주영' 회장 · 235

제 6 부 일상의 작은 행복

유럽 최고의 여행지 '스페인' · 241
근대 투우 발상지 '론다' · 244
미얀마 천년고도 '바간' · 246
남한산성 '망월사' · 249

부산 유엔기념공원 영웅들 · 251

술에 관한 이야기 · 253

'막걸리' 이야기 · 255

'라면' 이야기 · 257

영화 「죽여주는 여자」 · 259

영화 「일사 각오」 · 261

추천사 263

1

소확행

행복은 긍정을 통하여 싹이 트고 감사하는 마음속에서 성장하며 사랑으로 완성된다. 나의 행복은 내가 챙겨야지 자식에게 떠넘겨서는 안 된다. 자식이 자주 찾아와 효도하면 행복하고 아무도 찾아오지 않으면 불행하다고 하는 사람은 자신의 삶을 껴안을 줄 모르는 사람이다.

긍정의 삶, 행복의 출발

어느 날 공자가 조카 '공멸'을 만나 물었다.
"네가 벼슬한 뒤로 얻은 것은 무엇이며, 잃은 것은 무엇이냐?"
공멸은 표정이 어두워지더니 대답을 했다.
"얻은 것은 없고 잃은 것만 세 가지 있습니다. 나랏일이 많아 공부할 새가 없어 학문이 후퇴했으며 받는 녹이 너무 적어서 부모님을 제대로 봉양하지 못했고, 공무에 쫓기다 보니 벗들과의 관계가 멀어졌습니다."
공자는 이번엔 공멸과 같은 벼슬에서 같은 일을 하는 제자 '복자천'을 만나 같은 질문을 해 보았다. 복자천은 미소를 지으며 말했다.
"잃은 것은 하나도 없고, 세 가지를 얻었습니다. 글로만 읽었던 것을 이제 실천하게 되어 학문이 더욱 밝아졌고, 둘째, 받는 녹을 아껴 부모님과 친척을 도왔기에 더욱 친근해졌고, 공무가 바쁜 중에도 시간을 내어 우정을 나누니 벗들과 더욱 가까워졌습니다."
공멸과 복자천, 그들은 같은 일을 하고 있었지만 전혀 다른 삶을 살고 있었다. 똑같은 일을 하고도, 똑같은 수입을 가지고도 한 사람은 세 가지를 잃었다고 푸념하는데 한 사람은 세 가지를 얻었다고 감사를 한다. 공멸과 복자천의 차이가 있다면 삶을 바라보는 관점의 차이다. 이처럼 같은 상황에서도 마음먹기에 따라 전혀 다른 삶을 살 수가 있다. 행복은 좋아하는 일을 해서가 아니라, 긍정의 삶으로 해야 할 일을 그때그때 즐길 때 온다.

행복은 '감사하는 마음'에서 성장

탈무드에 보면 "자녀가 언어를 배우기 전에 먼저 감사의 언어를 가르치라"고 한다. 하나님은 이스라엘 민족을 하나님 앞에 감사하는 민족으로 길러서 오늘날 세계 최고의 민족으로 만든 것이다. 미국은 101명의 청교도들이 감사하는 마음으로 신대륙에 나라를 세워서 세계 최고의 나라를 만든 것이다. 감사는 더 이상 감상적인 한 단어가 아니라, 그 무엇보다 강한 능력이고 에너지가 되어 왔다.

성경에 가장 아름다운 세 단어가 있는데 그것은 엄마, 아빠 그리고 감사라고 한다. 역사적으로 감사하는 개인이나 민족은 물론 나라는 융성했다. 예컨대 조지 워싱턴 대통령 때부터 감사의 절기를 지켜 왔고, 링컨 대통령은 추수감사절을 국경일로 정했다. 더구나 루즈벨트 대통령은 11월 셋째 주를 감사의 주간으로 정했다. 신기하게도 감사를 생활화한 미국의 대통령들은 많은 업적을 냈고 성공한 대통령이 되었다.

우리가 가장 두려워하는 암의 원인도 70퍼센트 정도가 정신적인 요인에 있다고 한다. 암을 이길 수 있는 최고의 힘은 엔돌핀이라는 호르몬인데 이것은 감사할 때, 사랑할 때, 기뻐할 때만 만들어진다는 것이다. 범사를 감사하고 신념으로 살면 병도 고칠 수 있고, 나을 수 있다는 논리가 주변에서도 많이 실증되고 있다.

미국의 유명한 앵커인 '데보라 노빌'이 성공한 사람들을 인터뷰했는데 그들의 공통점이 '감사를 생활화하는 사람'이었다고 한다. 행복은 감사하는 마음에서 성장한다는 것이다. 감사의 문이 열릴 때만 행복이 들어올 수 있다는 내용이다. 이 세상에서 감사보다 좋은 것은 없다고 한다.

감사는 행복의 다른 이름이기 때문이다. 행복은 감사의 문으로 들어오고 불평의 문으로 나간다.

요컨대 감사와 행복은 한 몸이고 한 뿌리이다. 하나를 불평하면 열 가지 원망거리가 따라오고 하나를 감사하면 열 가지 행복거리가 따라오기 때문이다. 감사는 불행을 멈추게 하고 행복을 성장시키는 견인차가 되기도 한다. 사도 바울은 감옥에서도 감사를 했다고 한다. 에베소서 5장에 보면 "범사에 우리 주 예수 그리스도의 이름으로 항상 아버지 하나님께 감사하며"라는 문구가 있다.

행복한 사람은 가장 많은 것을 소유한 사람이 아니라, 가장 많이 감사하는 사람이다.

행복을 키워주는 감사 덕목

어느 날 장미꽃이 천지 만물을 창조한 하나님에게 자신의 처지를 불평하며 다음과 같이 원망했다고 한다.

"하나님, 왜 가시를 주셔서
저를 이렇게 힘들게 합니까?"

그러자 하나님이 대답했다.

"나는 너에게 가시를 준 적이 없다.
오히려 가시나무였던 너에게 장미꽃을 주었다."

똑같은 환경에서도 가시를 보면서 불평하는 사람이 있고, 가시 같은 인생에 장미꽃을 주신 하나님께 감사하며 살아가는 사람도 있다. 감사의 마음과 감사의 눈을 가진 사람에게는 모든 것이 감사의 제목이지만, 불평의 마음과 불평의 눈을 가진 사람에게는 모든 것이 불평거리가 되기 마련이다.

불평은 불행의 문을 열지만 감사는 '행복의 문'을 열어준다. 불평은 사람을 떠나게 하지만, 감사는 사람을 돌아오게 한다. 불평은 또 다른 불평을 낳지만 감사는 또 다른 감사를 낳게 한다는 것이다.

'꿈을 가진 이'가 더 행복

암울한 시대에 문지기를 자청했던 '김구' 선생은 누구보다도 대한민국의 독립을 꿈꾸었다. 젊고 나약하기만 했던 '간디'도 인도 독립의 꿈을 버리지 않았다. 두 귀가 먼 절망의 늪에서도 '베토벤'은 위대한 교향곡을 꿈꾸었다. 결국 꿈이 있는 사람들은 모두 아름답다.

  돈을 많이 가진 사람보다 돈을 많이 벌 수 있다는 꿈을 가진 이가 더 행복하다. 글을 잘 쓰는 작가보다도 글을 잘 쓸 수 있다는 꿈을 안고 사는 이가 더 아름답다. 꿈은 인간의 생각을 평범한 것들 위로 끌어올려 주는 날개다. 내일에 대한 꿈이 있으면 오늘의 좌절과 절망은 아무런 문제가 되지 않는다. 꿈을 가진 사람이 아름다운 것은 자신의 삶을 긍정적으로 바라보기 때문이다.

  인생의 비극은 꿈을 실현하지 못한 것에 있는 것이 아니라, 실현하고자 하는 꿈이 없다는 데 있다. 절망과 고독이 자신을 에워쌀지라도 원대한 꿈을 포기하지 않는다면 인생은 아름답다. 꿈은 막연한 바람이 아니라 자신의 무한한 노력을 담은 그릇이다. 노력은 자신의 원대한 꿈을 현실에서 열매 맺게 하는 자양분이 되기도 한다.

  지금부터 자신의 삶을 원대한 꿈과 희망으로 넘쳐나게 해 보라. 그리고 그 꿈을 밀고 나가라. 다른 사람이 자신의 꿈을 먼저 차지할 때까지 기다려서는 안 된다. 세상은 원대한 꿈을 가진 사람을 무던히 필요로 한다는 것을 기억하라. 친구도 가족도 사랑하는 이도 원대한 꿈을 가진 사람을 원할 것이다. 자신의 소중하고 아름다운 꿈을 잘 가꾸고 사랑하라. 언젠가는 그 꿈이 현실로 나타날 것이다.

더불어 사는 행복한 세상

바람개비는 바람이 불지 않으면 혼자서는 돌지 못한다. 이 세상 그 무엇도 홀로 존재하는 것은 없다. 사람도 혼자 살지 못한다. 함께 만들고 더불어 살아가는 것이다. 사랑, 봉사, 희생 등 이런 마음이 내 안에 우리 안에 있을 때, 사람도 세상도 더욱더 아름다운 법이다.

넘칠 때는 모른다. 건강할 때는 자칫 잊고 산다. 모자랄 때, 아플 때, 비로소 다른 사람의 도움 없이는 한 걸음도 뗄 수 없다는 것을 절실히 알게 된다. 카톡도 혼자는 못한다. 그냥 무턱대고 보내는 것이 절대 아니다. 우정과 사랑을 나눌 푸근한 친구가 있기 때문에 할 수 있다.

더불어 살아야 한다는 말은 서로 돕고 살라는 의미이다. 함께 어울리고 함께 채워 주고, 함께 나눠 주고 함께 위로하면서 아름답게 살자는 의미이다. 이 세상에 존재하는 그 무엇도 혼자서는 살 수 없다. 내가 못하는 것을 다른 사람이 하고, 다른 사람이 안 하는 일을 내가 하기도 한다.

우리가 살아가는 세상에서 때로는 상처를 입고 때로는 손해도 보면서, 서로 돕고 도전받고, 마음을 나누는 우리네 삶. 그렇게 함께 만드는 세상이 아름다워진다. 더불어 살아가려는 마음과 모습에서 행복한 세상은 활짝 피어날 것이다.

정상에 오르면 행복할 거라고 생각하지만 반드시 그런 건 아니다. 어느 지점에 도착하기만 하면 행복해지는 그런 곳은 없다. 그것이 꿈과 희망이었을 때 더 행복해진다.

같은 곳에 있어도 행복한 사람이 있고 불행한 사람이 있다. 같은 일을 해도 즐거운 사람이 있고 불행한 사람이 있다. 같은 음식을 먹지만 기분이 좋은 사람과 기분 나쁜 사람이 있다. 같은 물건, 좋은 음식, 좋은 장소보다 더 중요한 것은 그것들을 대하는 태도이고 '마음의 상태'이다. '무엇이든 즐기는 사람'에게는 행복이 되지만 거부하는 사람에게는 불행이 된다.

정말 행복한 사람은 모든 것을 다 가진 사람이 아니라 지금 하는 일을 즐거워하는 사람, 가진 것에 만족해하는 사람, 할 일이 있는 사람, 갈 곳이 있는 사람, 갖고 싶은 것이 있는 '보통사람'들이다.

행복이란

미국의 제40대 대통령을 지낸 '레이건'은 퇴임 후 5년이 지난 1994년 알츠하이머병에 걸려 옛 친구들과 자녀들의 얼굴조차 알아보지 못했다. 하루는 레이건이 콧노래를 흥얼거리면서 몇 시간 동안 갈퀴로 수영장 바닥에 쌓인 나뭇잎을 긁어모아 깨끗하게 청소를 했다. 그 모습을 본 '낸시' 여사의 눈가에서는 눈물이 핑 돌았다.

아내를 깊이 사랑했던 레이건은 젊은 시절 아내를 도와 집안 청소를 해주면서 행복해했다. 낸시는 남편이 집안 청소를 해주면서 행복해하던 그 시절의 기억을 되살려 주고 싶었다. 어느 날 밤에 낸시는 경호원들과 함께 남편이 담아 버린 낙엽을 다시 가져다가 수영장에 몰래 깔았다. 다음 날 낸시 여사는 남편에게 다가가서 말했다.

"여보, 수영장에 낙엽이 가득 쌓였어요. 이걸 어떻게 청소해야 하나요?"

걱정하는 낸시를 보고 레이건은 낙엽을 치워 주겠다면서 일어나 정원으로 나갔다. 낮이면 레이건은 콧노래를 흥얼거리며 낙엽을 쓸어 담고, 밤이면 부인 낸시는 다시 낙엽을 깔고, 그렇게 낸시는 남편의 행복했던 기억을 되돌려 놓으려고 애를 썼다. 이런 헌신적인 사랑의 힘 때문이었던지, 레이건은 어느 누구도 알아보지 못할 정도로 기억력을 잃었지만 아내 낸시만은 확실하게 알아보았다.

레이건은 가끔 정신이 들 때마다 한탄했다.

"내가 살아 있어서 당신이 불행해지는 것이 가장 고통스럽다소."라고. 그러자 낸시는 레이건에게 말했다.

"여보, 현실이 아무리 힘들고 고통스러워도 당신이 있다면 좋아요. 당신이 없는 행복보다 당신이 있는 불행을 택하겠어요. 부디 이대로라도 좋으니 10년만 더 내 곁에 있어 주세요."

가슴이 찡해지는 말이다. 레이건은 낸시의 헌신적인 사랑과 보살핌을 받으면서 낸시의 소원대로 10년을 더 살다가 2004년 93세를 일기로 세상을 떠났다.

과연 행복은 무엇일까? 무엇이 많고 적음이 아니다. 서로 이해하고 배려하는 것이 사랑이고 행복이다. 주어진 시간에 주어진 상황을 어떻게 활용하고 이용하는가는 오직 자신의 몫이다. 스스로는 물론 이웃들에게도 있을 때 잘해야 하고, 배려하고 감사해야 한다.

행복, 마음속에서 꽃처럼 피어나는 것

'행복은 어디선가 문을 열고 들어오는 것이라고 생각하기 쉽지만 사실은 내 마음속에서 꽃처럼 피어나는 것'이라고 법정스님이 갈파했다.

어떤 조건이나 상황의 진전이 아닌 내 마음속에서 찾아야 하는 것이라는 의미이다. 어쩌면 행복은 언제나 내 안에 고요하게 흐르는 물줄기처럼 마음속에서 천천히 부드럽게 흘러가는 편안함이다. 행복은 멀리 있는 게 아니다. 가까이 아주 가까이 내가 미처 깨닫지 못하는 곳에 존재한다.

남들은 행복한 것 같은데 나만 불행하게 느껴질 때도 있다.

어느 정도의 차이는 있겠지만 누구나가 행복을 추구하고 누구나 행복을 바라며 언제나 행복을 찾는다. 여기서 모르는 게 한 가지 있다. 그것은 욕심을 버리지 못해서 행복을 얻지 못한다는 사실이다. 내가 좀 더 주면 될 것을, 내가 조금 손해 보면 될 것을, 내가 좀 더 노력하면 될 것을, 내가 좀 더 기다리면 될 것을, 내가 조금 움직이면 될 것을 말이다.

사람의 욕심은 끝이 없기에 주기보다는 받기를 바라고 손해보다는 이익을 바라며, 노력하기보다는 행운을 바라고 기다리기보다는 한순간에 얻어지길 바란다. 그러하기에 늘 행복하면서도 행복하다는 것을 잊고 살 때가 많다. 굳이 행복을 찾지 않아도 이미 행복이 자기 안에 있는 걸 발견하지 못하는 것뿐이다. 잠시 시간을 내어 자신을 성찰해 보라. 과연 어떤 마음을 품고 있는지, 잘못된 행복을 바라고 있지는 않은지. 그렇지 않다면 당장 작은 행복부터 만들어 가고 소중히 여길 줄 아는 사람이 되어 보라. 멀리서 찾지 말고 내 마음속에서 꽃처럼 피어나는 실체를 찾는 순간, 행복은 내 앞에 이미 와 있을 것이다.

행복, 마음을 단련해야 얻을 수 있다

세상을 살면서 가장 아프게 무는 짐승은 사람이다. 몸이 아닌 마음을 직접 물기 때문이다. 건강은 몸을 단련해야 얻을 수 있고 행복은 마음을 단련해야 얻을 수 있다. 내면보다 외모에 더 집착하는 요즘의 삶은 알맹이보다 포장지가 비싼 물건과도 같아 보인다.

기업은 분식회계 때문에 죽고 인연은 가식 때문에 죽는다. 꿀이 많을수록 벌도 많이 모이듯 정이 많을수록 사람도 많이 모인다. 음식을 버리는 건 적게 버리는 것이요 돈을 버리는 건 많이 버리는 것이며 인연을 버리는 건 모두 버리는 것과 같다.

입구가 좁은 병에는 물을 따르기 힘들듯이 마음이 좁은 사람에겐 정을 주기도 힘들기 마련이다. 죽지 못해 살아도 죽고, 죽지 않으려 살아도 결국 죽는다. 굳이 죽으려고 아등바등 애쓰지 마라. 삶은 웃음과 눈물의 코바늘로 행복의 씨실과 불행의 날실을 꿰는 것과 같다.

나무가 자라기 위해서 매일 물과 햇빛이 필요하듯 행복이 자라기 위해서는 아주 작은 일에도 감사하는 마음이 필요하다. 내가 가진 것이 없어 보이는 건 실제 가진 게 없는 게 아니라, 나 자신에게 만족할 수 없기 때문이다. 사는 게 힘들 때면 내 건강함에 감사하고, 아이들의 웃음을 행복으로 보고, 아무 일도 없던 늘 그런 평범한 일상에도 감사하면 된다.

뉴스에 나오는 일가족 교통사고에도 가슴을 쓸어내리며 행복을 훔쳐보곤 한다. 행복을 저금하면 이자가 붙는다. 삶에 희망이 불어난다. 지금 어려움에 처하면 훗날 커다란 행복의 그늘이 되리라 믿어 보라. 행복을 누리기 위해서는 위만 보려 하면 안 되고, 밑을 보는 마음의 단련이 필요하다.

행복의 주인공

 가난해도 마음이 풍요로운 사람은 실제로는 모든 것을 소유한 사람이다. 남들이 부러워할 정도로 많은 것을 가진 여유 있는 사람도 마음은 추운 겨울일지도 모른다. 많이 가졌더라도 만족을 모르면 마음은 추울 수 있다. 몸이 추운 것은 옷으로 감쌀 수 있지만 마음이 추운 것은 무엇으로 감쌀 수 있을까?
 사는 기준이 다 같을 수는 없다. 행복의 조건도 하나일 수는 없다. 생김새가 다르면 성격도 다른 법, 부유하지 않더라도 남과 비교하지 말라. 그것이 행복의 조건이다. 남과 비교할 때 행복은 멀어진다. 그저 감사하는 마음 하나만으로도 당신은 행복의 주인공이 될 것이다.

행복의 5가지 유형

행복에는 다섯 종류가 있다. 각각 달라 보일 수 있어도 한 가지 공통점이 있다. '우리를 기쁘게 해 준다'는 것이다. 누구나 경험하는 다섯 가지 행복의 유형이다.

일상의 즐거움
믿기지 않을 수 있겠지만, 일상은 긍정적인 감정을 느낄 수 있고, 행복하게 해주는 즐거운 경험들로 이루어진다고 한다. 그래서 행복해지려면 소소한 것들에 더 관심을 기울여야 한다는 것이다. 아침에 일어나 마시는 커피 한 잔, 성공할 가능성이 있는 일을 하는 것, 잠시 책을 읽는 것 등의 행위를 통해서 우리는 일상의 행복을 충분히 느낄 수 있다는 의미이다.

몰입상태
분명 '몰입'해 본 적이 있겠지만 이 단어가 좀 낯설게 느껴질 수도 있을 것 같다. 다른 누구로부터도 아닌 내면으로부터 오는 행복, 즉 몰입은 분명 행복의 열매이다. 몰입을 통한 행복은 사람마다 달라지는 유형의 행복이다.

관계 맺기
인간은 사회적 동물로서 다른 사람들과 건강한 유대감을 형성하는 것이 중요하다. 물론 가끔은 혼자 있고 싶을 때도 있지만 사랑하는 사람, 신뢰할 수 있는 사람, 추억을 함께한 사람들은 분명 우리를 행복하게 해준다.

목표 달성

목표가 있는가? 가치관은 무엇인가? 삶에 대한 목표나 가치를 달성하기 위해서 무언가를 하는 것도 행복의 한 유형이라는 것이다. 목표를 달성하면 삶은 풍요로워질 것이며, 더 완전하고 더 행복해질 것이다. 자존감도 키워주면서 자신의 매우 긍정적인 것들은 행복과 직결되는 요소들이다.

삶의 의미 찾기

많은 사람들은 삶이 무의미하다고 생각하기 때문에 가끔 자신을 잃고, 낙심하고 슬퍼한다. 이는 정서적인 격차로 인한 것이며, 마치 미로 속에 있는 것 같은 기분을 느끼게 하는 등 해결되지 않은 문제이다. 그냥 존재하는 게 아니라 어떤 목적을 가지고 존재한다는 사실을 인식하고, 성취해야 할 과제가 우리 앞에 있다는 것을 기억해야 한다. 이렇게 삶의 의미를 찾는 것 또한 행복의 유형이 된다.

위 다섯 유형의 행복은 모두 중요하다. 행복을 느낀다면 훨씬 더 균형 잡힌 삶을 살 수 있기 때문이다. 이제 행복할 준비가 되었는가? 행복은 어떤 상황이나 목적으로 설명되지 않을 때도 있다. 행복은 곳곳에 꼭꼭 숨어서 우리를 기다리고 있다. 그것을 찾는 것은 각자의 몫이다.

행복이 머무는 곳은 '내 마음속'

시간이 없다며 쩔쩔매는 이에게 물었다.
"왜 그리 바쁘게 사세요?"
그는 대답했다.
"행복하기 위해서요."
많은 건물과 돈을 갖고도 악착같이 돈을 벌려는 이에게 물었다.
"왜 그렇게 많은 돈이 필요하세요?"
그는 대답했다.
"행복하기 위해서요."
많은 권력을 갖고도 만족하지 못하는 정치인에게 물었다.
"왜 그렇게 큰 권력이 필요하세요?"
그는 대답했다.
"행복하기 위해서요."
도대체 행복이 무엇이기에 모두들 '행복' '행복' 하는지 궁금했다.
나이 지긋한 철학자에게 물었다.
"행복이 뭐예요?"
그는 대답했다.
"그걸 알기 위해서 평생 공부했지만 아직도 잘 모르겠소."
많은 신도들로부터 추앙받는 목사한테 물었다. 그는 대답했다.
"그걸 알기 위해서 평생 기도했지만 아직도 응답이 없소."
수십 개의 계열사 기업을 가진 대기업 회장에게 물었다.
"행복이 뭐예요?"

그는 대답했다.

"그걸 알기 위해서 평생 돈을 벌었지만 아직도 행복하지 않군요."

참으로 답답한 일이었다. 행복 찾기를 위해 많은 사람을 만났지만 해답을 찾지 못하고 돌아오던 길에, 추운 거리에서 적선을 기다리는 걸인을 만났다.

폐일언하고 물었다.

"행복이 뭐예요?"

그의 대답은 간단했다.

"오늘 저녁 먹을 끼니와 잠잘 곳만 있으면 행복한 것 아니겠소."

그렇다. 행복은 먼 곳에 있지 않고, 미래에 있지 않고, 돈으로 살 수 있는 것도 아니고, 훔쳐올 수 있는 것도 아니다. 다만 '내 마음속'에 있었다. 행복하려면 자신의 행복관을 과감히 바꾸어야 할 것이다.

오늘을 선물처럼 살아야 행복

송파구 잠실본동 어느 부부가 맞벌이로 숱한 고생을 하면서 돈을 모아 청담동에 전용면적 90평의 아이파크 아파트를 샀다. 먹을 것 안 먹고, 입을 것 안 입어가면서 온갖 고생 끝에 장만한 아파트였다. 그곳의 베란다를 테라스 카페처럼 꾸며 최첨단 오디오 세트와 커피머신을 들여놓았다. 이제 행복할 것 같았지만 사실 그들 부부는 이 시설을 즐길 시간적 여유가 없었다.

하루는 남편이 회사에 출근한 후 집에 무엇을 놓고 온 것을 뒤늦게 알게 되었다. 놓고 온 물건을 가지러 집에 갔다. 이게 웬 일? 가사도우미가 음악을 틀어놓고, 커피 한 잔을 뽑아서 베란다의 테라스 카페에서 집안의 온 시설을 향유하고 있는 게 아닌가. 가사도우미가 주인보다 더 행복한 순간이었다.

그들 부부는 허겁지겁 출근해서 바쁘게 일하고 다시 허둥지둥 집에 들어오기에 자신들이 장만한 시설을 즐길 시간적 여유가 없었다. 그렇다면 그들은 과연 행복한 삶을 살았던 것일까?

우리는 더 넓은 아파트 평수, 더 좋은 오디오, 더 멋진 테라스 카페, 더 근사한 커피머신을 사기 위해 밤낮으로 일한다. 그렇게 살다가 언제 죽을지도 모르게 말이다.

행복은 목적지에 있지 않고 목적지로 가는 여정에 있다.

지금을 즐겁게 재미있게 살아야 한다. '지금 여기'여야 한다.

나중은 없다. 그러니 사놓고 안 입은 옷이 있다면 당장 꺼내 입고, 휴일에는 외출도 하고, 한 번도 쓴 적 없는 고급 잔도 꺼내어 커피 한 잔의 여유를 누려 보고, 발렌타인 30년산을 몇 병씩 장식용으로 두지 말고 가까운 친구들 불러서 맛있게 음미해보는 것이 중요하다.

새 옷 입어보지도 못하고 간다면, 삼위일체 커피만 마시다 간다면, 아끼느라 발렌타인 30년산 장식만 해놓고 간다면 그냥 남에게 좋은 일만 하게 될 것이다.

남한테 사는 집 보여주느라 신경 쓰며 사는 사람은 삼류요, 친구 오라 해서 최고급 잔에 커피 한 잔 대접하는 사람은 이류요, 오늘 우리 집 모이라고 해서 장식장에 자랑으로 놔뒀던 발렌타인 30년산 마시자고 하는 사람은 일류 인생이다.

통상 행복을 입에 달고 행복하다고 말하며 사는 사람은 행복해진다. 그러나 모든 것을 부정적으로 바라보고 말하는 사람은 인생이 결국 그렇게 될 것이다.

오늘은 행복한 날, 행복한 휴일, 일류 인생으로 사는 하루가 되도록, 스스로 자기 최면을 걸어서라도 긍정적으로 살아 보라. 과거는 역사일 뿐이고, 미래는 미스터리에 불과하다.

오늘을 선물처럼 사는 지혜를 살려 보라.

'나중'은 없다

어느 날 명사는 초청강연에서 행복이라는 주제를 가지고 강연을 했다. 강연 중에 말했다.

"여러분, 여행은 가슴이 떨릴 때 가야지, 다리가 떨릴 때 가면 안 됩니다."

그러자 청중들이 한바탕 웃으며 맞장구를 쳤다.

"맞아 맞아, 여행은 가슴이 떨리고 힘이 있을 때 가야지, 다리 떨리고 힘없으면 여행도 못 가는 거야."

한 사람이 대꾸했다.

"말씀은 좋은데 아이들 공부도 시켜야 하고, 결혼도 시켜야 하고, 해줄 게 많으니 여행은 꿈도 못 꿉니다. 나중에 자식들 시집, 장가 다 보내고 그때나 가렵니다."

하지만 나중은 없다. 세상에 가장 허망한 약속이 바로 '나중에'다.

무엇인가 하고 싶으면 지금 당장 실천에 옮겨라.

영어로 'present'는 '현재'라는 뜻인데, '선물'이라는 뜻도 있다.

우리에게 주어진 '현재'라는 시간은 그 자체가 선물임을 알아야 한다. 오늘을 즐기지 못하는 사람은 내일도 행복할 수 없다. 암 환자들이 의사에게 공통으로 하는 얘기가 있다고 한다.

"선생님, 제가 예순 살 되면서부터는 여행을 다니며 즐겁게 살려고 평생 아무 데도 다니지 않고 악착같이 일만 해서 돈을 모았습니다. 그런데 이제 암에 걸려서 꼼짝도 할 수가 없네요. 차라리 젊었을 때 틈나는 대로 여행도 다니고 '즐길 걸' 너무너무 억울합니다."

'오늘은 정말 갈비가 먹고 싶네.' 하다가도 사먹지 않고, 평생 먹지도 않고 쓰지도 않으면서 키운 아들딸이 셋이나 있으니, 큰아들이 사주려나, 둘째아들이 사주려나, 막내딸이 사주려나, 하고 허황된 기대를 한다.

어느 자식이 일하다 말고 '어! 우리 엄마가 지금 갈비를 먹고 싶어하네. 당장 달려가서 사드려야지!' 하고 있을까.

지금 갈비가 먹고 싶은 심정은 오직 자신만 알지, 아무도 모른다. 갈비를 누가 사줘야 하나? 당장 달려가서 사 먹으면 된다.

누구 돈으로? 당연히 자기 지갑에서 나온 돈으로 사 먹어야 한다. 나한테 끝까지 잘해 줄 사람은 본인밖에 없다.

또 하나 명심해야 할 것은 자신의 행복을 자식에게 떠넘겨서는 안 된다는 사실이다. 자식이 자주 찾아와 효도하면 행복하고, 아무도 찾아오지 않으면 불행하다고 하는 사람은 자신의 삶을 껴안을 줄 모르는 사람이다. 진정으로 행복해지고 싶다면, 가만히 앉아서 누가 나를 행복하게 해주기만을 기다리는 자세부터 바꿔야 한다. 먹고 싶은 것이 있으면 알아서 사 먹고, 행복해지고 싶다면 당장 행복한 일을 만들라.

살아가면서 나중은 없다. 지금이 나에게 주어진 최고의 선물임을 잊지 말라. 어떤 상황에 부딪히더라도 '나중에'라는 말은 지구 밖으로 멀리 던져버리고, 지금 당장 실천하고 행동하여 행복의 기쁨을 누려 보라.

내가 번 돈 내가 안 쓰면 남이 쓴다.

짧은 인생 '공수래 공수거空手來空手去'이다.

'지금'을 즐겨야 바로 행복

행복은 내일부터 올까? 아니다. 미루지 말라. 그날그날 행복을 외면하지 말라. 살 만하면 떠나는 게 인생이다.

건강이 좋지 않아 아무것도 못하고 세상에서 제일 비싼 호텔 침대 신세 지면 큰 낭패. '지금' 바로 이 시간을 최대한 즐기며 '선물처럼' 그리고 '축제처럼' 사는 게 행복이다.

눈을 뜨고 하루를 맞이하는 일, 두 발로 가고 싶은 곳 맘껏 갈 수 있는 일, 맛있는 것 실컷 먹을 수 있는 일, 범사에 감사할 일들과 접하며 '감동과 성취감'을 느끼면 그것이 바로 행복이다.

돈으로도 살 수 없는 행복

재산이 많으면 행복할 것이라고 착각하는 사람이 있다. 재산이 많다고 행복해지지는 않는다. 오히려 재산이 너무 많으면 불행에 빠지기 쉽다.

우리는 목표를 향해 나아가는 과정에서 행복을 느낄 수 있다. 자신이 계획했던 일들을 이룰 때 느끼는 성취감, 기쁨, 이런 감정이 바로 행복이다. 행복은 돈이 많다고 해서 느낄 수 있는 값싼 감정이 절대로 아니다.

요즘은 돈만 있으면 뭐든지 다 할 수 있다는 풍조가 있다. 그러나 돈으로도 살 수 없는 것이 많다. 우선 행복이다. 진정한 행복은 시련 속에서도 목표를 향해 뚜벅뚜벅 나아가는 노력 속에 있다.

행복은 향수와 같다

독일의 철학자 칸트는 행복의 세 가지 조건을 말했다.

"할 일, 사랑하는 사람, 희망."

살아가면서 행복하지 않은 이유는 가진 것을 감사하기보다 가지지 않은 것을 탐내기 때문이라고 한다. 행복해지고 싶다면 가진 것과 이웃을 아끼고 사랑하는 자세가 필요하다. 누가 행복하게 만들어 주길 기다리지 말고, 스스로 행복을 느끼고, 만들어 가라. 그러면 주변 사람들에게도 행복 바이러스를 퍼뜨리게 된다. 행복은 '셀프'다. 남에게 미루지 말라.

행복은 향수와 같다. 우리 앞에 일이 있고 사랑하는 사람과 지향하는 희망을 보면서 뚜벅뚜벅 걸어가되, 향수처럼 순간순간 자신에게 먼저 뿌리지 않으면 절대로 남에게 전파될 수 없다.

국민 행복을 창출하는 '얀테의 법칙'

북유럽 문화에 '얀테의 법칙Jante Law'이란 게 있다. 동화의 나라로 잘 알려진 덴마크는 UN이 발표한 인류행복지수에서 세계 200여 국가 중 해마다 상위권에 올라가는 국가이다. 이유가 무엇일까?

　덴마크의 이상적인 복지와 교육 시스템 덕분이기도 하겠지만 '얀테의 법칙'이라는 것이 큰 영향을 미치기 때문이다. '얀테의 법칙'은 덴마크 작가가 쓴 소설에 나오는 10개조의 규칙이다. 먼저 10개조 규칙을 소개하겠다.

　　첫째, 스스로 특별한 사람이라고 생각하지 말라
　　둘째, 내가 다른 사람보다 좋은 사람이라고 착각하지 말라
　　셋째, 내가 다른 사람보다 더 똑똑하다고 생각하지 말라
　　넷째, 내가 다른 사람보다 우월하다고 자만하지 말라
　　다섯째, 내가 다른 사람보다 더 많이 알고 있다고 생각하지 말라
　　여섯째, 내가 다른 사람보다 더 중요한 위치에 있다고 생각하지 말라
　　일곱째, 내가 무엇을 하든지 다 잘할 것이라고 장담하지 말라
　　여덟째, 다른 사람을 비웃지 말라
　　아홉째, 다른 사람이 나에게 신경 쓰고 있다고 생각하지 말라
　　열번째, 다른 사람을 가르치려 들지 말라

　위에 열거한 열 가지는 '스스로가 특별하다'고 생각하는 것은 이미 나를 남과 비교하고 있다는 것을 전제하고, 내가 특별하다고 생각하다가

이것이 결핍되면 불행해질 수도 있다는 것을 암시하고 있다. '얀테의 법칙'의 요지는 '너는 평균보다 낮은 사람이다.'라는 것이다. 어느 누구라도 더 특별할 것이 없고, 아무나 마땅히 존중받아야 한다는 말이다. 타인에 대한 신뢰와 개개인을 존중하는 문화를 토대로 한다는 것이다. 누구나 평균 이상에 도달하고자 하는 욕구가 있다. 그런데 내가 평균보다 낮은 사람이라고 여기면 기대치가 낮아서 평균적인 생활을 하더라도 만족할 수 있고, 행복하다고 느끼게 된다는 것이다.

행복한 사회를 만들기 위해서는 제도적, 사회적 뒷받침이 선행되어야 한다. 하지만 이러한 조건이 충족되었다고 모두 행복해지는 것도 아니다. 덴마크 국민이 행복한 이유는 부유해서가 아니라 '평등'이라는 가치를 바탕으로 상대방에 대한 존중과 신뢰, 공동체적인 문화가 뿌리내린 것이 그 열쇠인 듯하다.

여기에서도 행복은 '긍정'에서 태어나고, '감사'를 먹고 자라며, '사랑'으로 완성된다는 진리를 본다.

오복에 관한 이야기

동서고금을 막론하고 '복'에 대한 관심은 매우 높다. 선조들이 최고의 가치로 여긴 오복五福과 오늘날의 오복을 비교해 보는 것은 흥미롭다. 유교에서 오복은 『서경書經』, 『주서周書』, 「홍범편洪範篇」에 나온다.

> 오복은 일왈수一曰壽, 이왈부二曰富, 삼왈강녕三曰康寧이요, 사왈유호덕四曰攸好德이요, 오왈고종명五曰考終命이니라.

수壽는 천수를 누리는 행복을 의미한다. 흔히 장수는 120세를 아무 병 없이 살아가는 것으로 '수'야말로 오복의 가장 근원이다. 이 '수'가 있지 않고는 나머지 네 가지 복을 누리거나 가질 수도 없다. 모든 게 살아 있어야 되지 죽은 후에는 이루어질 수 없기 때문이다. 따라서 옛사람들이 이르는 "말똥에 굴러도 이승이 좋다."라는 말은 결코 부유하지 않아도 생명력이 있는 현세의 삶이 좋다는 의미일 것이다.

부富는 상당한 저축을 하며 안락한 생활을 누리는 것이다. 물론 큰 부자는 하늘이 낳아야 한다는 말도 있듯이 대부大富는 아무나 되는 것이 아니라 이미 운명적으로 결정되어 있다고도 한다. 그러나 소부小富는 하늘이 내린 것만은 아니어서 후천적인 인력에 의해 이루어질 수도 있다. 자급자족으로 평안한 생활을 하면서 남을 도울 수 있는 생활이면 이 복이 구비되어 있는 것이다.

강녕康寧은 평생 동안에 신체가 건강하고 무병하여 언제나 깨끗하며, 마음에 불안이 없이 즐겁게 살아가는 것을 말한다. 나이가 많아도 건강하며, 무병으로 깨끗하게 살고 있는 노부부가 함께 해로하는 것을 종종 볼 수가 있는데 이를 두고 하는 말이다.

유호덕攸好德은 덕을 가지는 것이다. 이 좋은 덕을 가지려면 살아가는 동안 앞일을 계획하면서 덕을 쌓아야 한다. 많은 공부를 해야 하는데 이 호덕은 아무나 되는 것이 아니다. 예컨대 성인이나 현인의 자리에 있는 사람이 호덕을 가졌다 하겠다. 오복 중에서는 호덕이 가장 누리기가 어려운 것이다.

고종명考終命은 일생의 계획을 세워서 자기 명대로 살다가 마치는 것이다. 우리는 흔히 자기가 받아온 천명을 살지 못하는 경우가 많다. 불의의 사고나 비명으로 생명을 잃는 일이 많다. 이 같은 일이 없이 자기가 설계한 일생의 계획 그대로 살다가 최후를 마치는 것이 되겠다.

우리 속담에 10년이면 강산이 변한다는 말이 있다. 유교에서의 오복은 오늘날 어떻게 변모되었을까? 물론, 삶의 '패러다임'이 많이 바뀌었으니 오복의 기준도 달라졌다.

건健은 건강이다. 아무리 재물이 많아도 건강하지 못하면 무용지물에 불과할 것이다. 유교의 오복에서 유사점과 공통점을 찾는다면 강녕의 관점에서 비교해 볼 수 있겠다. 어쩌면 강녕이 현대의 오복 중에서 맨 윗자리를 차지하고 있다고 보여진다.

처妻나 부夫는 옆에서 돌봐줄 수 있는 배우자를 말한다. 즉 마음을 나눌 수 있는 따뜻한 사람이 있으면 더욱 행복할 것이다. 일본에서 짐승을 대상으로 실험하였더니 짝이 없는 짐승은 짝이 있는 짐승보다 수명이 훨씬 짧았다고 한다.

재財는 재산이 있어야 한다는 말이다. 이웃이나 자식에게 손 안 벌리고 취미활동이나 여행을 즐기며 살 수 있어야 하기 때문이다. 주변에는 자식을 챙기다가 잘못되어 노후를 망치는 경우가 허다하다. 노후에 품격 있게 살려면 재산을 끝까지 지킬 필요가 있다.

붕朋은 같이 어울리고 나를 알아주는 참된 친구를 말한다. 참된 친구가 있는 사람은 성공한 사람으로, 참된 친구는 말년에 외로움이 없는 삶을 영위하도록 돕는다. 취미활동이나 여행을 함께할 친구가 있다면 삶의 질을 높일 수 있을 것이다. 노후에는 친구 수가 자신의 생명에 정비례한다는 말도 있다.

사事, 즉 일이 있어야 나태하지 않고 생활의 리듬도 찾게 된다. 삶의 보람을 느끼며 건강도 유지한다는 논리이기도 하다. 특히 저금리 시대에는 금융소득을 기대하기 어렵다. 그러하니 일을 통해 노후 소득을 얻는 것은 역시 삶의 질을 높이는 지름길이라 할 수 있겠다.

요컨대 유교에서의 오복은 한 사람에게 초점이 맞춰져 주로 내면적인 관점에서 행복을 찾았다. 그러나 현대에서의 오복은 가정과 사회에 토대를 두고 보다 활동적이고 외향적인 관점에서 행복의 기준을 부여하고 있다. 모든 것은 변화하는 과정에 있다. 오복의 기준도 세월에 따라 바뀔 수 있다는 개연성을 인정하는 것이 좋을 듯하다.

행복해질 수 없는 두 부류의 사람들

김형석 연세대 철학과 명예교수는 올해 102세가 됐다. 다들 '100세 시대'라지만, 지금 100세를 넘긴 사람은 그리 많지는 않다.

"지금껏 살아보니 알겠더군요. 아무리 행복해지고 싶어도 행복해지기 힘든 사람들이 있습니다. 행복하고는 싶은데 행복해질 수 없는 사람들, 그들이 과연 누구일까요? 크게 보면 두 부류입니다.

우선 정신적 가치를 모르는 사람입니다. 왜냐하면 물질적 가치가 행복을 가져다주진 않으니까요.

가령 복권에 당첨된 사람이 있어요. 그 사람이 과연 행복하게 살까요? 그렇지 않습니다. 정신적 가치를 모르는 사람이 많은 물건을 가지게 되면 오히려 불행해지고 말더군요. 돈이나 권력, 혹은 명예를 좇는 사람도 많습니다. 그들은 거기서 행복을 찾습니다. 솔직히 거기서 행복을 찾기는 어렵습니다. 왜 그럴까요? 거기에는 '만족'이 없습니다.

돈과 권력, 명예욕은 가지면 가질수록 더 목이 마릅니다. 가지면 가질수록 더 배가 고픕니다. 그래서 항상 허기진 채로 살아가야 합니다. 행복하려면 꼭 필요한 조건이 하나 있습니다. 그건 '만족'입니다. 만족을 알려면 어떡해야 합니까? 정신적 가치가 있는 사람은 만족을 압니다. 그런 사람들이 행복한 삶을 살더군요.

정신적 가치를 모르는 사람이 명예나 권력이나 재산을 거머쥘 때도 있습니다. 그런데 결국 불행해지더군요. 명예와 권력, 재산으로 인해 오히려 불행해지고 말더군요."

지금 우리 주위에도 그런 사람은 많다. 김형석 교수의 메시지는 묘하게 끌린다. 언뜻 들으면 누구나 할 수 있는 말처럼 들린다. 그런데 행간을 곰곰이 씹다 보면 확 달라진다. 씹으면 씹을수록 진한 국물이 우러난다. 행복하고는 싶은데 행복할 수 없는 삶이 있다면 그건 정말 비극이다. 우리만 모르는 걸까? 어쩌면 내가 바로 그 비극의 주인공이 될 수도 있다.

이어서 두 번째 부류를 물었다.

"두 번째는 이기주의자입니다. 그들은 절대로 행복할 수가 없습니다."

뜻밖의 진단이었다. 다들 자신을 챙긴다. 나 자신을 챙기고, 내 이익을 챙긴다. 내가 우선 행복해야 하니까. 그런데 김형석 교수는 이기주의와 행복은 절대 공존할 수 없다고 못 박는다. 이기주의자는 자신만을 위해 살아서 인격을 못 가진다고 한다.

"그건 인간관계에서 나오는 선한 가치입니다. 그런데 인격의 크기가 결국 자기 그릇의 크기입니다. 이기주의자는 그릇이 작기에 담을 수 있는 행복도 작을 수밖에 없습니다."

이 말끝에 김형석 교수는 자신의 경험담을 하나 꺼냈다.

"제가 연세대 교수로 갈 때 몹시 가난했어요. 그래서 학교에서 월급이 오르거나 보너스가 나오면 무척 좋아했어요. 그런데 그때도 등록금을 내지 못해 고생하는 제자들이 있었습니다. 그런데 스승이라는 사람이 자기 월급 올랐다고 좋아한 겁니다. 그 생각을 하면 지금도 미안하고 부끄럽습니다. 무슨 말인가 하면 행복은 공동체 의식이지, 단독자인 나만을 위한 게 행복이 아니더군요."

김형석 교수는 자기가 먼저 큰 그릇이 되어야 큰 행복을 담을 수 있다고 강조했다. 또 말한다.

"가장 일을 많이 하고, 행복한 건 60세부터였어요. 내가 살아보니까 그랬습니다. 글도 더 잘 쓰게 되고, 사상도 올라가게 되고, 존경도 받게 되더군요. 사과나무를 키우면 제일 소중한 시기가 열매 맺을 때입니다. 그게 60세부터입니다. 인생의 사회적 가치는 60부터 옵니다."

건강을 위해 일과 공부를 꾸준히 해야 한다는 당부도 잊지 않았다.

"꼭 직업을 말하는 게 아닙니다. 공부가 따로 있나요. 독서하는 거죠. 취미 활동하는 거고요. 100년을 살아보니 알겠더군요. 일하는 사람이 건강하고, 노는 사람은 건강하지 못합니다. 운동은 건강을 위해서 있고, 건강은 일을 위해서 있습니다."

뼈있는 충고도 덧붙였다.

*우문현답의 백성호 기자 인터뷰를 요약한 글이다.

행복한 노후 '자식으로부터 독립'

'늙을수록 자식에게 연연하지 마라.'

　성장하여 가정을 이룬 자식에게 관심을 갖는 것은 사랑이 아니고 의지심의 표현이다. 자식이 성장하여 독립하였다면 그것으로 만족하고 더 이상의 기대는 금물이다. 예전에는 자식 농사가 곧 노후를 보장하던 시대도 있었다.

　그러나 요즘은 달라도 많이 달라졌다. 예컨대 형제간 갈등은 부모로부터 시작되고 형제는 남이 되는 시발점이다. 부모가 자식으로부터 경제적으로 독립하지 못하면 형제들 사이에 '누가 부모를 어떻게 모시느냐'로 갈등하는 시대가 되었기 때문이다. 부모에게는 열 자식도 짐이 아니지만, 자식들에게 부모의 존재는 짐이 되는 현실이다.

　결국 부모의 노후는 자식에게 의존해도 된다는 옛날의 가족개념이나 효도사상은 오늘의 현실이 아니다. 그런데 우리는 노후를 스스로 준비할 시간마저 없었다. 급변하는 사회와 이에 따른 가치관의 변화에 적극적으로 대응하지 못했다. 어느 날 전통적인 가족제도는 붕괴되었고, 우리는 준비 없이 가족 밖으로 몰려난 형국이다.

　효도를 받던 부모세대에게도 효도를 하던 자식세대에게도 이제 효도는 멍에요 부담이다. 노후는 가족이 아니라 사회가 책임져야 하는 시대로 변했다. 앞으로 일정 부문은 사회가 '선택적인 복지' 차원에서 책임을 떠맡겠지만, 먼저 스스로 준비해야 한다.

　오래 산다는 것이 축복이 되려면 건강이 필수다. 건강하지 못한 장수는 국가나 개인에게 불행일 뿐이다. '긴 병에 효자 없다.'라는 말이 있듯이 자식의 행복마저 빼앗는 결과를 본의 아니게 초래한다. 성인병의 주요 원인은 음주, 흡연, 과로와 운동 부족 등의 잘못된 생활 습관이다. 그런데 베이비붐 세대 37퍼센트는 정기적인 건강검진을 회피하고 있으며, 40퍼센트는 전혀 운동을 하지 않는다는 통계가 있다.

건강하려면 두 가지가 필수 사항이다. 하나는 정기적인 건강검진이며 둘째는 규칙적인 운동을 하는 것이다. 건강검진은 직장에서 복지 차원에서 하기도 하지만, 국민건강보험에서 정기적으로 하는 경우가 대부분이다.

병마는 자신의 건강을 과신하는 사람에게 여지없이 찾아오게 되어 있다. 자신의 건강을 체크하고 지켜나가는 것은 행복한 노후를 위한 가장 기초적인 준비일 것이다.

행복해지는 노후준비 7원칙

제1원칙: 평생현역

젊어서는 돈을 벌기 위해 일했다면 은퇴 후에는 자신이 좋아하고 행복해지는 일을 하면서 평생 현역으로 살라. 따라서 퇴직에 임박하여 노후를 준비할 것이 아니라, 퇴직 후에 무슨 일을 할 것인지를 생각해서 그에 관한 전문지식과 식견을 사전에 준비하라.

제2원칙: 평생경제

퇴직 후에는 소소한 경제적 활동으로라도 돈을 벌어야 한다. 젊었을 때 벌어놓은 돈을 쓰면서 산다는 것은 환상이고, 노후에 필요한 돈을 다 버는 것도 현실적으로 불가능하다. 저금리 현상이나 인플레이션 등 각종 예기치 못한 상황이 오기라도 하면 금융소득으로 살아가기도 힘들다.

제3원칙: 평생건강

평소 규칙적인 운동을 통해 건강을 지켜라. 늙어 중병을 앓으면 서럽고 삶의 질이 뚝 떨어진다. 애써 모은 노후자금을 병원비로 탕진할 수도 있어서 아무리 강조해도 지나치지 않은 덕목이다.

제4원칙: 평생젊음

매사에 젊은이들처럼 도전정신과 열정을 유지하라.

제5원칙: 평생관계

정기적으로 만날 수 있는 친한 사람이 최소 여섯 명은 되고, 일상생활의 불편에서 벗어날 수 있다면 노후는 행복하다. 노후에도 정기적으로 만날 수 있는 인맥을 만들어 두라.

제6원칙: 평생공부

지식의 양은 급격히 증가해 학교에서 배운 지식만으로는 평생을 살 수 없다. 자신이 맡은 업무는 물론이고 다양한 분야에 관심을 갖고 끊임없이 학습하라. 세상이 신속하게 변화하는 것에 맞춰 부단히 공부하는 자세를 견지하라.

제7원칙: 평생마음개발

일상에서 불가피하게 겪는 스트레스를 다스리는 마음공부가 필요하다. 헛된 욕망에 괴로워하지 말고 늘 겸손함을 유지하라. 이웃에게 베푸는 자세를 지녀 보라. 노후에는 입은 닫고 주머니는 열어두라는 말이 있다.

행복한 노후 '5자'의 실천

행복한 노후를 위한 '5F' 조건과 '5자'*의 실천이 항간에 회자되고 있다. 해학적이지만 뜻이 깊다.

행복한 노후를 위해 일단 5F를 갖추라. 노후 행복을 위해 필요한 다섯 가지 필수 조건을 F로 시작하는 단어로 요약한 것이다. 노후의 경제적 자립을 위해서는 뭐니 뭐니 해도 돈Finance이 있어야 한다. 그러나 돈만 있다고 행복한 것은 아니다. 뭔가 할 일Field과, 함께할 친구Friend가 있어야 하고, 거기서 재미Fun를 느껴야 한다. 아울러 이 모든 것을 즐기려면 내가 무엇보다도 건강Fitness해야 한다.

여기서 일단 돈도, 건강도, 할 일도 있고, 친구들과 재미있게 지낼 여건이 마련되었다면 무엇을 어떻게 하면 좋을까? 답은 '5자'의 실천이다. 나이 든 윗사람, 조금의 여유를 가진 사람들이 존경과 대우를 받으려면 우선 '놀자, 쓰자, 주자(베풀자)'를 잘해야 한다는 것이다. 잘 놀고 잘 쓰고 잘 베푸는 사람을 싫어하는 가족과 사회는 없을 것이다. 여기에 잘 웃고 잘 걷는 사람이 되면 '놀자 · 쓰자 · 주자 · 웃자 · 걷자'가 되는 것이다. 잘 놀고 잘 쓰고 잘 주고(베풀고) 잘 웃고 잘 걷는 사람을 누가 싫어하고 욕하겠는가.

한 가지 추가하면 금상첨화일 것이다. 5자에 더해 '속지 말자'를 하나 더 넣자. 먹고 살기가 점점 더 힘들어지니까 은퇴자를 노리는 사기꾼도 늘고 있다. 실제로 그런 사기꾼들의 먹이가 되는 은퇴자나 은퇴를 앞둔 사람이 생각보다 많다.

은퇴자들이 사기꾼들의 표적이 되는 이유는 무엇일까? 은퇴자들은 직장에서 은퇴한 뒤 고정 수입은 크게 줄지만 퇴직금이나 모아둔 사업 준비자금 등 자금 동원력은 상대적으로 많다. 은퇴를 앞둔 이들도 상황은 비슷하다. 하지만 그간 일만 하느라 경제와 금융시장 변화에는 상대적으로 어둡다. 더욱이 수입이 줄어드는 만큼 마음은 조급하고 귀는 얇아질 대로 얇아진 상황이다. 이런 틈새를 사기꾼이 파고들기 때문이다.

최선의 방어책은 큰 욕심 부리지 말고 눈높이를 낮추는 것이다. 예컨대 예금금리가 1퍼센트 대인데 누가 6~7퍼센트 대의 투자 수익률, 그것도 확정 수익률을 보장한다고 하면 그건 십중팔구 사기일 수밖에 없다. 예를 들어 6퍼센트의 확정 수익률이 가능하다면 은행에서 3퍼센트로 대출을 받아 투자하면 3퍼센트의 수익이 그냥 떨어지는 장사라는 계산이 나온다. 그렇게 쉽고 안전하면서도 많은 수익이 남는 장사가 어떻게 나한테까지 순서가 오겠는가.

너무 없으면 안 되지만 부족하면 부족한 대로 사는 것이 인생이다. 더욱이 나이 들어 어떻게 해볼 수 없는 상황에서 뭔가 해야겠다고 무리하면 스트레스만 쌓이거나 사기당하기 십상이다. 은퇴나 노후에 대한 지나친 걱정이나 염려는 접어두고, 지금 이 순간부터 바로 '놀자, 쓰자, 주자, 웃자, 걷자'를 생활화하여 행복한 노후에 성공적으로 다가가 보라.

* 최성환 한화생명은퇴연구소장

행복한 노후, '관계 설정'에 있다

　방송인 유인경 씨의 글이 가슴에 와 닿는다. 70대 후반의 지인이 지난해 늦여름 넘어서서 다리뼈가 부러졌다. 대학병원에서 수술을 받았지만 그곳에선 장기간 입원을 할 수 없어 서울 강남에 있는 요양병원에 입원했다. 그러다가 두 계절을 보내고 며칠 전 퇴원했다.
　'신종 코로나바이러스 감염증' 탓에 입원해 있는 동안 누가 해줄 수 있는 일은 별로 없었다. 병문안도 제한돼 수시로 전화를 걸어 안부를 묻거나 가끔 먹거리를 보내줄 뿐이었다. 무사히 집으로 돌아온 지인은 병상에서 인생에 대해 많은 생각을 했다고 한다.
　지인에 따르면 70~90대의 노인들이 모인 요양병원에서는 사람을 판단하는 기준이 다르다고 했다. 박사건 무학이건, 전문직이건 무직이건, 재산이 많건 적건 상관이 없단다. 누구나 똑같이 환자복을 입고 병상에 누워 있는 그곳에서는 안부전화가 자주 걸려오고 간식이나 필요한 용품을 많이 받는 이가 '상류층'이란다.
　가족과 친구로부터 받은 간식과 생필품을 의료진이나 같은 병실 환자들에게 나눠주는 이가 부러움의 대상이 된다는 것이다.
　"옆자리의 할머니는 밖에서 교장 선생이었고 아들도 고위 공무원이라는데, 사과 몇 알은커녕 전화도 거의 안 오더라. 그래서인지 과일이나 간식을 나눠주면 너무 감사하다면서도 민망한 표정을 짓더라고. 고위직 아들에게 전화를 걸어 야단이라도 치고 싶은 심정 같아 보였어."
　몇 달 아파서 요양병원에서 지내보니 왕년의 직함이나 과거사는 다 부질없더라는 이야기다. 이 이야기에서 저자도 깨달은 바가 컸다. 과거에 연연하거나 다가오지 않은 미래의 일에 불안해할 것이 아니라 오늘에 충실하면 된다. 그런데 그 '오늘'은 나 혼자 살아가는 것이 아니다. 바로 지금, 가족과 즐거운 시간을 보내고 친구나 친척들에게 안부전화나 문자를 보내는 일, 결혼식이나 장례식 등에서 기쁨과 슬픔을 함께 나누는 일이 말년을 풍성하고 풍요롭게 보내는 보험이다.

그 보험은 전략이나 잔머리로 채워지지 않는다. 진심과 성의라는 보험료를 차곡차곡 모아야만 행복한 말년이라는 보험금이 내게 돌아온다. 반대로 자녀에게 공부나 성공만을 강요한 부모, 친구들과의 관계에서 눈곱만큼도 손해를 보지 않으려고 늘 따지기만 하는 사람들은 십중팔구 고독하고 쓸쓸한 말년을 보내게 된다는 것이다.

요즘 100세 시대라고 하지만 모두 100세까지 행복하게 산다는 의미는 아니다. 사랑하는 가족과 행복한 시간을 보내며, 얼굴에 미소를 띤 채 삶을 마감할 가능성은 오히려 매우 낮다. 대부분은 병상에서 혹은 양로원에서 죽음을 맞게 된다. 심지어 홀몸으로 쓸쓸히 생을 마무리할 수도 있다. 노후에 손을 잡고 대화를 나눠줄 이가 있다면, 그것이 바로 노후의 행복이다. 결국 노후의 행복을 결정짓는 것은 '관계'다. 후배에게 밥값을 자주 냈더니 후배가 "왜 항상 선배가 사느냐?"고 물어왔다. "저금해두는 거야."라고 대답했다. 가끔 안부 전화를 걸어주거나 전화 한 통이라도 반갑게 받아주었으면 좋겠다는 마음에서 하는 투자다.

코로나19 때문에 얼굴을 자주 못 보는 친구들에게도 귀여운 '이모티콘'이나 흥미로운 글을 담아 축복의 문자를 보내보라. 회신이 없어도 내가 당장 기쁘면 그만이다. 여기저기 소중히 여기는 사람들에게 진심을 담아 투자하면 내게 되돌아올 가능성이 조금이라도 커질 테니까 말이다.

100세 행복론, '좋은 관계'가 행복을 결정

일생을 살면서 누구나 행복을 추구한다. 그러나 그 실체에 대한 해답은 각양각색이고 애매모호하다. 그것은 다분히 내면적이고 주관적인 면이 좌우하기 때문일 것이다.

미국 하버드대 의과대학 정신과 교수 '로버드 월딩어'는 "관계가 인생에서 행복을 결정하는 중요한 요소"라고 했다. 무려 75년이라는 오랜 세월 동안, 10대부터 노년까지 무엇이 사람들을 행복하고 건강하게 할까에 대해 통틀어 분석해낸 결과다. 하버드대학교 성인발달연구는 역대 최장 기간에 걸친 인생 연구였다고 전한다. 1938년부터 75년간 남성 724명의 인생을 추적했다. 연구대상에는 하버드대학교에 갓 입학한 학생도 있었고, 보스턴의 가난한 지역에 사는 소년도 있었다. 해마다 그들의 직업과 가정생활, 건강 상태에 관해 설문하여 종합한 내용이다. 최초의 연구대상 724명 중 60여 명이 생존해 있으며 지금도 연구는 진행되고 있다고 한다.

연구대상자 모두 면접을 봤고, 의료검진을 받았다. 연구자가 대상자의 가정을 방문해 부모님을 인터뷰하기도 했다. 연구를 시작하여 2년마다 방문해서 조사를 진행했다. 조사는 참가자의 직업, 건강, 결혼과 가정생활, 사회적 성취, 친구 관계 등 삶의 전반에 걸쳐 이뤄졌다. 자녀와 이야기를 나누고, 아내와 심각한 고민을 얘기하는 모습을 촬영하기도 했다. 물론 뇌 스캔과 피검사 같은 건강검진도 병행했다.

75년간 축적한 수만 페이지짜리 인생 데이터를 통해 행복은 부나 성공, 명예, 혹은 열심히 노력하는 데 있지 않았다고 전한다. 가장 분명한 메시지는 바로 '좋은 관계'가 우리를 건강하고 행복하게 만든다는 것이었다.

조사를 시작했을 때 대상자들의 삶의 목표는 대부분 부와 명예였다. 하지만 50세 이후에 이르렀을 때는 행복하고 건강한 삶의 조건으로 '인간관계'를 가장 중요하게 꼽았다고 한다. 행복한 삶을 위한 관계가 중요하다는 연구 결과는 다음 세 가지로 요약되었다.

첫째, 사회적 연결은 유익하되 고독은 해롭다는 것이다. 연구 결과, 가족·친구·공동체와의 사회적 연결이 긴밀할수록 더 행복하고, 신체적으로도 건강하며, 더 오래 사는 것으로 나타났다. 고독은 매우 유해한 것으로 드러났다. 다른 이들로부터 자신이 원하는 것 이상으로 고립되어 있는 사람은 행복감을 덜 느낄 뿐만 아니라, 중년기에 건강이 더 빨리 악화되고, 뇌 기능이 일찍 저하되며, 외롭지 않은 사람들보다 수명도 짧았다는 것이다.

둘째, 친구가 얼마나 많은지, 안정적이고 공인된 관계를 갖고 있는지가 아니라, 관계의 질이 무엇보다 중요하다는 점이었다. 이에 대한 근거로 갈등 속에서 사는 것은 우리 몸에 아주 나쁜 것으로 밝혀졌다. 애정 없이 갈등만 잦은 결혼은 이혼보다 더 건강에 해로울 수 있다고 나타났다. 반면 바람직하고 따뜻한 관계는 건강을 훨씬 더 지켜줬다는 것이다. 50세 때 관계에 대한 만족도가 가장 높은 사람들이 80세에도 가장 건강했다. 바람직하고 친밀한 관계가 나이 먹는 고통의 완충제 역할을 해주는 셈이라 하겠다.

셋째, 좋은 관계가 우리의 몸뿐만 아니라 뇌도 보호해줬다는 것이다. 애착으로 단단히 연결된 관계를 가진 80대는 그렇지 않은 80대보다 더 건강했다. 또 관계를 맺고 있는 상대방이 자신들이 힘들 때면 의지가 되어줄 거라고 여기는 사람들은 그렇지 않은 사람들보다 기억력이 더 선명

하고 오래 간다고 했다. 반면 관계를 맺고 있는 상대방이 의지가 되지 않는다고 느끼는 사람은 좀 더 빠른 기억력 감퇴를 보였다고 한다.

연구대상들도 젊은 시절에는 대부분 부와 명성, 높은 성취를 추구해야만 좋은 삶을 살 수 있으리라고 진심으로 믿었다. 그러나 75년 동안 그들의 연구가 거듭해서 보여준 것은 '가장 행복한 삶을 산 사람들은 그들이 의지할 가족과 친구와 공동체가 있는 사람들이었다는 것'이다.

인간관계가 인생에서 중요하다는 것은 사실 새로운 내용은 아니다. 여기에서 잊어선 안 되는 점은 실제로 75년의 연구 결과가 일치한다는 사실이다. 그리고 그것이 부·명예 등 다른 요소보다 우선해서 가장 중요하다는 사실이다. 요컨대 75년 동안 연구 결과로서 가장 행복한 삶을 산 사람들은 그들이 의지할 가족과 친구와 공동체가 있는 사람들이었음을 음미하면서, 올바른 삶의 지표로 삼아야 할 것이다.

보다 크고 '영원한 행복' 찾기

인간은 무엇을 파괴하면서 또 창조한다고 한다. 어린아이가 장난감을 갖고 싶어 간절히 부모를 조르다가 막상 손에 쥐면 한참 갖고 놀다가 싫증을 낸다. 어느 때가 되면 부숴버리고 쳐다보지도 않는다. 인간사 100퍼센트 만족스러운 일은 어디에도 없다는 방증일 것이다.

그리스 선박왕 '오나시스'는 69세의 어느 날 무대에서 노래를 멋있게 부르는 '마리아 칼라스'에게 금세 반했고 그와 살면 얼마나 행복할까라고 생각하다가 드디어 마리아 칼라스와 결혼하게 됐다. 그러나 8년이 채 되지 않아 서로 권태가 겹쳐 이혼하기에 이른다.

오나시스는 그 후 또 '재클린'과 결혼한다. 미국 대통령의 아내였던 재클린과 함께 살면 행복할 줄 알았는데 그것도 아니었다. 재클린과 결혼한 지 일주일도 안 되어 오나시스는 "내가 실수를 했다."라며 고민하기 시작했다. "이혼할까?" 하고 친구들에게 조언을 구했다고 한다.

그러나 재클린은 엄청난 위자료를 요구해 그는 이혼도 못했다. 재클린이 한 달에 평균 24억 원이나 되는 돈을 펑펑 쓰니 오나시스는 화가 나고 혈압도 올라갔다. 아들마저 비행기 사고로 죽었다. 그 충격으로 그도 얼마 못 살고 죽는다.

오나시스는 "나는 인생을 헛살았다. 하나님께서 주신 축복을 쓰레기로 던지고 간다."라며 가슴을 치고 후회하다가 생을 마감했다고 한다. 이처럼 삶은 들쑥날쑥하고 영원한 행복에는 이르지 못함을 보게 된다.

한편 구약성경에 보면 요셉이 형들에게 미움을 받아 이집트로 팔려간다. 형들이 이집트의 노예상에게 팔았기 때문이다. 그러나 모든 삶의 배

후에는 '하나님의 섭리'가 숨어 있다. 요셉이 왜 이집트로 팔려 갔을까? 요셉을 먼저 이집트에 보내서 후에 모든 이스라엘 민족을 이집트로 옮기려는 하나님의 뜻이 있었기 때문이다.

앞으로 닥칠 대흉년에 대비하여 요셉을 그 나라의 총리로 삼아 이집트를 살릴 뿐만 아니라, 선민을 이집트로 인도하여 저들의 생명을 보존코자 한 커다란 뜻이 있었던 것이다. 단순히 생각해서 만약 요셉이 형들을 원망하고 복수하려고 하였다면 요셉도 형들도 모두 안 되었을 것이다. 어떤 어려움을 당할지라도 그 어려움 속에 '하나님의 뜻'이 있음을 알아야 한다.

하나님의 뜻은 선하다. 마치 부모의 뜻이 선하여 자녀의 유익을 위해 부모가 좋은 계획을 갖듯이 하나님의 뜻은 부모의 뜻보다 더욱 선하고 아름답다. 그러므로 고난당할 때 결코 낙심하거나 좌절하거나 마음이 흔들리면 안 된다.

고난에는 두 가지의 큰 뜻이 있다. 하나는 좋은 곳으로 인도하는 '교량역할'이요, 다른 하나는 고난과 시련을 통하여 '좋은 열매'가 맺어진다는 사실이다. 마치 용광로에 들어간 금광석이 정금이 되어 나오는 것처럼, 하나님께서 주는 고난의 불속에 들어가면 결국 행복한 사람이 된다.

1942년 미국의 보스턴에서 큰 화재가 났을 때이다. 493명이나 죽고 200명이 구출되었는데 구출된 200명을 학자들이 계속 관찰하여 조사한 데이터가 있다. 흥미로운 것은 200명 가운데 85퍼센트가 이전의 나쁜 습관을 버리고 부부 사이가 돈독해졌으며 신앙생활을 하게 되었다는 사실이다. 시간과 물질을 아끼는 검소한 삶을 살면서 한층 더 '행복한 삶'을 영위했다는 연구 기록이 있다. 결국 고난과 시련을 극복하고 새롭게 도전하여 열매 맺게 될 때, 인간의 행복은 더욱 크고 영원할 것이다.

낮은 마음으로 '진정한 행복' 찾기

19세기 후반 프랑스의 소설가 '모파상'은 『여자의 일생』, 『벨아미』, 『죽음처럼 강하다』와 같은 인생의 참된 가치를 일깨우는 소설로 명성을 얻은 작가이다. 타고난 재능으로 쓰는 작품마다 베스트셀러가 되었고, 커다란 부와 명예를 거머쥐었다. 그의 삶은 누구나 부러워할 만하다.

지중해에는 요트가 있었고 노르망디에는 저택, 파리에는 호화 아파트도 있었다. 은행에도 많은 돈이 예금되어 있었다. 하지만 그는 1892년 새해 아침, 더 이상 살아야 할 이유를 찾지 못하고 자살을 시도했다.

응급조치로 가까스로 목숨을 구했지만, 정신병자가 되어 1년 동안 알 수 없는 소리를 지르다가 43세를 일기로 인생을 마감했다. 묘비에는 그가 말년에 반복해서 했던 말이 기록되어 있다.

"나는 모든 것을 갖고자 했지만 결국 아무것도 갖지 못했다."

요컨대 진정한 행복이란 객관적인 조건에 있지 않다. 돈, 명예, 권력 등 모든 것이 완벽하다 해도, 모두가 부러워한다 해도, 마음에 만족이 없고 공허하기만 하다면 아무것도 갖지 못한 삶일 뿐이다. 그래서 아테네의 철학자인 '소크라테스'는 명언을 남겼다.

"가장 적은 것으로도 만족하는 사람이 가장 부유하다."

어쩌면 현실적으로 종교에 귀의하여 낮은 마음으로 '하나님께 영광을 돌리는 삶'이 훌륭한 대안이 될 수 있다는 생각을 하게 된다.

2

긍정·감사·사랑의 행복 바이러스

'행복한 상태'란 과연 무엇일까? 대다수의 사람들은 이에 대해 육신의 안락함과 풍요로운 현실 위주로 생각하지만 보다 본질적인 것은 마음의 행복이다. 마음속에 고마운 마음, 감사한 마음이 가득 차 있는 사람은 행복한 사람이다. 부모를 잘 만나 금수저를 물고 태어났더라도 항상 원망과 불평과 섭섭한 마음을 품고 사는 사람은 불행한 사람이다.

긍정적 언어가 주는 행복 세상

　살다 보면 희로애락의 사건이 번갈아 일어난다. 그런데 좋든 나쁘든 슬프든 기쁘든 말로 표현하는데 안타깝게도 자극적인 욕설이나 저주하는 발언이 난무하고 있다. 특히 싸움의 현장에선 더해서 안타깝다.
　'피그말리온 효과'란 자성예언 효과다. 즉 스스로 말한 대로 이루어지는 효과다. 통상 좋은 생각이 말로 표현되고 말이 행동이 되고 행동이 누적되면 습관이 된다. 습관은 한 개인의 성격을 바꾸고 이는 운명을 바꾸게 되어 삶의 모습을 결정짓기도 한다. 내게 한 말이 내 삶을 결정한다는 논리라고 보면 되겠다. 이러한 논리를 인지한다면 말을 함부로 할 수는 없을 것이다. 함부로 했던 불평불만이나 부정적인 말은 운명을 부정적으로 바꿀 테니까. 반대로 긍정적인 말 그리고 상대를 존중하고 배려하는 말은 삶의 주름을 펴게 하고 아름다운 축복으로 연결될 것이다. 따라서 분명히 패배할 불리한 상황에서도 승리를 고백해야 한다. 분명히 모자란 상황이지만 풍부함을 고백해 보라. 결국 내가 말한 대로 될 것이다. 내가 말한 대로 이루어지는 기적이 일어날 것이다.
　어느 날 무척 화가 난 청년이 마침 화단에 물을 주고 있는 아버지에게 다가왔다.
　"아버지, 정말 나쁘고 어리석은 친구가 있어요. 누구인지 아세요?"
　그러자 아버지가 아들의 말을 막았다.
　"네가 남의 이야기를 하려면 최소한 세 가지를 먼저 자문해야 한다. 내가 묻는 말에 답해 보거라. 아들아, 네가 하려는 이야기가 모두 진실이냐?"

아들은 머뭇거리며 대답했다.

"글쎄요, 저도 전해 들었을 뿐인데요."

아버지는 다음에 물었다.

"선한 내용이냐? 그 이야기가 진실한 것이 아니라면 선한 것이라도 되어야 한다."

아들은 대답했다.

"글쎄요, 오히려 그 반대에 가까울 것 같은데요."

아버지는 물었다.

"네 이야기가 꼭 필요한 것이냐?"

아들은 역시 자신 없는 목소리로 대답했다.

"꼭 필요한 것도 아닌 것 같습니다."

그러자 아버지는 환하게 웃으며 말했다.

"네가 이야기하려는 내용이 진실한 것도, 선한 것도, 꼭 필요한 것도 아니라면 그만 잊어버려라. 이제부터 남의 이야기는 칭찬으로 시작해 보거라. 험담이 아닌 칭찬을 하게 되면 분명 놀라운 일이 생길 것이다."

아버지의 충고는 우리에게 좋은 시사를 한다. 우리나라가 선진복지국가로 진입하는 문턱에서 변화해야 할 모습은 여러 가지가 있다. 그중 중요한 것이 언어순화를 통한 훌륭한 품격 찾기다. 그런데 오늘의 현실은 정반대로 가고 있다. 영혼을 파괴하고 묵살하는 말이 오히려 멋스럽게 느껴지는 것이 오늘날의 모습이다.

앞으로 '피그말리온 효과'를 가정에서부터 먼저 실천하고, 학교 교육과도 연계하면 좋겠다.

내 앞에 반잔의 술이 있다고 할 때, 반잔밖에 없다는 부정적이고 비관적인 말이 아니라, 아직도 반잔이나 남았다는 긍정적이고 푸근한 언어의 습관이 뿌리내릴 때, 행복세상은 올 것이다.

긍정의 힘, 이 또한 지나가리라

"이 또한 지나가리라!This too, shall pass away!"

이 경구는 역사적 배경을 갖고 있다. 어느 날 '다윗왕'이 반지를 하나 갖고 싶었다. 그래서 그는 반지 세공사를 불러 말했다.

"나를 위한 아름다운 반지를 하나 만들되 내가 승리를 거두고 너무 기쁠 때 교만하지 않게 하고, 내가 절망에 빠지고 시련에 처했을 때 용기를 줄 수 있는 글귀를 넣어라."

"네, 알겠습니다, 폐하."

세공사는 그 명령을 받들어 멋진 반지를 만들었다. 반지를 만든 후 어떤 글귀를 넣을지 계속 생각을 했지만 좀처럼 다윗왕이 말한 두 가지 의미를 지닌 좋은 글귀가 떠오르지 않았다.

고민하고 고민해도 마땅히 좋은 글귀가 떠오르지 않아 다윗의 아들인 지혜의 왕자 솔로몬을 찾아갔다.

"왕자이시여, 다윗왕께서 기쁠 때 교만하지 않게 하고 절망에 빠졌을 때 용기를 줄 수 있는 글귀를 반지에 새기라고 하시는데 어떤 글귀를 적으면 좋겠나이까?"

솔로몬이 잠시 생각한 후 말했다.

"이 또한 지나가리라! This too, shall pass away!"

지혜서『미드라쉬』에 나오는 유대인이 즐겨 읽는 구절이라고 한다. 나치 학살 시에도 이 구절을 붙잡고 유대인들은 이겨낼 수 있었다고 전한다.

지금 잘 나간다고 우쭐대십니까?

이 또한 지나가리라.

지금 너무 괴롭고 슬퍼서 하루도 살기가 힘드신가요?

이 또한 지나가리라.

아름답고 예쁜 젊음이 영원할 것 같은가요?

이 또한 지나가리라.

인생은 항상 돌고 돈다. 늘 잘나가던 사람도 어려움이 생기기 마련이고 지금 너무 힘들고 어려워도 반드시 자기가 꿈꾼 그날이 올 수도 있다. 일희일비하지 말고, 무게 중심을 잃지 말고 뚜벅뚜벅 걸어가라.

'빨리빨리'와 여유

유럽에 출장(2001년 겨울)을 간 적이 있다. 로마에서 공식 일정을 마치고 무관의 안내를 받아 '폼페이 화산폭발 현장'에 갔다. 주차장 주변 '봉골레 스파게티'(해물을 이용한 요리) 식당에 갔다. 주인은 우리 일행을 보고 우리 한국말인 '빨리빨리'를 외치며 맞이했다. 무관은 '한국인의 대명사'라고 했다. 그때 나름대로 '빨리빨리'에 대해 깊이 생각해본 적이 있다.

먼저 긍정적인 생각이다. '한강의 기적'이라고 하는 단기간의 경제부흥, 소위 보릿고개로부터의 탈출인 절대빈곤에서 상대빈곤으로의 전환, 기하급수적 국민소득의 증대 등을 실천했다. 어쩌면 우리 삶의 질을 향상시킨 대명사라고 봐야 할 것이다. 우리는 원조를 받던 나라에서 원조를 주는 나라로 획기적인 발전을 한, 동서고금을 통해 몇 안 되는 자랑스러운 나라가 되었다. 이 원동력은 바로 '빨리빨리'가 가져다준 과일이라 생각했다.

반대로 부정적인 시각이다. 미천하고 경망스러워 진중하지 못한 모습을 연상할 수 있다. 목적과 수단이 전도된 자존감도 찾을 수 없는 폄하 발언의 대명사일 수도 있다. 내가 폼페이 식당 주인이 처음 말할 때 선입관으로 받아들인 것도 바로 이것이었다. 그러나 곧 저자가 잘못 생각한 것임을 깨달았다. 부정적인 사고가 아닌, 긍정적 측면에서 '빨리빨리'를 인사말처럼 건넨 것으로 치부할 수도 있었다. 우리 민족이 어려운 시기를 신바람으로 극복하는 과정에서 시너지 효과를 창출한 대명사로 정리되어야 한다는 생각을 갖게 됐다.

대한민국은 6·25전쟁의 폐허를 딛고 그간 경제성장을 위해 숨 가쁘게 달려왔다. 경제 규모 세계 13위, 국민소득 3만 달러에 근접하는 성적표가 이것을 반증하고 있다. 그러나 세계가 놀라고 부러워하는 성장을 이루었지만 그 이면에는 반성이 필요하고 드러내고 싶지 않은 불편한 진실도 존재하는 것이 사실이다.

저자는 개인적으로 '여유'라는 덕목을 추가하고자 한다. 이 '여유'라는 단어의 사전적 의미는 "성급하게 굴지 않고 사리 판단을 너그럽게 하는 마음의 상태"이다. 어느 때보다 속도가 중시되는 요즘 잠시 멈춰 '여유'의 실상을 체감해 보는 것은 의미 있는 일이다. 요컨대 삶의 여유를 누리는 사람은 일이 남에 비해 적거나 능력이 없어서가 아니다. 어떤 사람은 늘 분주하고 바쁜 것 같지만 실상 얻어지는 결과는 신통치 않다. 반면에 여유 있게 살면서도 충분히 자기 할 일을 하는 사람도 있다. 여유 있는 마음을 갖느냐 그렇지 않느냐는 일이 많고 적음에는 별로 상관관계가 없다.

여유를 가지고 일하는 사람은 일에 실수나 시행착오를 줄일 수 있는 반면, 여유 없이 일하는 사람은 분주하기만 하고 실수가 많아서 오히려 일이 더 꼬이는 경우가 많다. '어떻게 하면 일을 생산적으로 할 수 있을까'를 생각해 볼 시점이다. 여유는 우리가 행복세상으로 가는 길목에서 꼭 짚고 챙겨야 할 덕목이다.

'좋은 생각'은 행복의 지름길

세상을 살다 보면 많은 사람을 만나게 된다. 만나면 기분 좋고 마음이 편한 사람이 있는가 하면 왠지 만나기 꺼려지고 싫은 사람도 있다. 싫은 사람은 만나지 않으면 그만이고 멀리 떨어져 살면 된다고 생각하기 쉽지만 어찌 마음에 드는 사람만 골라 만날 수 있겠는가. 크고 작은 나무들이 한데 어우러져 숲을 이루듯 우리는 함께 더불어 살아가야 할 것이다.

마음을 조금만 바꾸면 주변의 모든 것이 행복인데 그저 행운만을 좇다가 불행해지는 것, 대박 노리다가 쪽박 차고 한 방 노리다가 거지가 되는 것이 자연의 순리다. 매일 최선을 다해 살아가는 것만이 진정 행복으로 가는 지름길일 것이다. 우리에게 헛된 꿈은 삶을 살아가는 데 극약일 뿐이다. 어떤 어려운 일도 즐거운 일도 이 세상에서 영원한 것은 아무것도 없기 때문이다.

이전에는 무관심하던 인간관계도 잘 살펴서 챙겨야 한다. 삶에서 참으로 소중한 것은 사회적인 지위나 명예, 소유물이 아니다. 어떤 일을 하며 어떻게 살고 있는가에 따라 어쩌면 자신이 살고 있는 삶의 가치가 높아질 수도 있다. 우리 옛말에 "모난 돌멩이가 정 맞는다."라는 말이 있는데 잘난 체, 있는 체, 아는 체 등은 바로 모난 돌멩이들일 것이다.

좋은 생각으로 가식 없이 항상 마음을 열고 산다면 나를 한층 젊게 만들 수 있다. 유난히 모나지도 않게 자기 삶 속에서 사랑과 배려로 더불어 살아가는 지혜를 배우고 실천하는 것이다. 요컨대 오늘의 주어진 삶에 좋은 생각으로 출발하여 최선을 다하는 삶이야말로 분명히 행복으로 가는 길이 될 것이다.

새벽 4시에 치러진 장례식

살다 보면 4종류의 친구를 만나게 된다고 한다.

첫째, 꽃과 같은 친구이다. 즉 꽃이 피어서 예쁠 때는 그 아름다움에 찬사를 아끼지 않지만 꽃이 지고 나면 과감히 버리듯 자기 좋을 때만 찾아오는 친구를 말한다.

둘째, 저울과 같은 친구이다. 저울이 무게에 따라 이쪽저쪽으로 기울듯이 자신에게 이익이 있는지 없는지를 따져 이익이 큰 쪽으로만 움직이는 친구이다.

셋째, 산과 같은 친구이다. 산처럼 온갖 새와 짐승의 안식처이며 멀리서 보거나 가까이 가거나 늘 그 자리에서 반겨주고, 생각만 해도 편안하고 마음 든든한 친구가 바로 산과 같은 친구이다.

넷째, 땅과 같은 친구이다. 땅이 생명의 싹을 틔워주고 곡식을 길러내며 누구에게도 조건 없이 기쁜 마음으로 은혜를 베풀어주듯, 한결같은 마음으로 지지해주고 격려해주는 친구이다. 세상을 살다 보면 친구들이 참 많다. 그러나 친구는 많고 적음이 중요하지 않다. 그 깊이가 중요하다.

미국의 어떤 도시에서 한 사람이 자신의 죽음을 예감했다. 그런데 그에게는 아쉽게도 그의 재산을 물려줄 상속자가 없었다. 그는 고민 끝에 죽기 전 변호사에게 자신이 죽으면 새벽 4시에 장례를 치러달라고 부탁했다. 그리고 유서 한 통을 남기고는 장례식이 끝나면 참석한 사람들 앞에서 뜯어 읽어달라고 부탁했다.

새벽 4시에 치러진 그의 장례식에는 불과 네 사람만 참석했다. 고인에게는 많은 친구와 지인이 있었지만 이미 죽은 친구의 장례에 참석하기 위해 새벽 일찍 잠자리에서 일어나는 것은 정말 귀찮고 쉽지 않았던 것이다.

그런데도 새벽 4시에 달려와 준 네 사람은 진정 그의 죽음을 애도했고 장례식을 경건하게 치렀다. 드디어 변호사는 유서를 뜯어 읽었다.

"나의 전 재산 4,000만 달러(한화 4,800억 원)를 장례식에 참석한 사람들에게 고루 나누어 주시기 바랍니다."

이것이 유서의 내용이었다. 장례식에 참석한 네 사람은 각각 천만 달러(1,200억 원)씩 되는 많은 유산을 받았다.

그 많은 유산을 엉겁결에 받은 네 친구들은 처음엔 당황했다. 그러나 그의 유산이 헛되이 쓰이지 않도록 사회에 환원하여, 고인의 이름을 딴 도서관과 고아원 등을 건립하여 친구에게 보답하였다고 한다.

약속을 지킨 '무역상인'

1311년 프랑스 필립왕은 프랑스에 살고 있는 유대인들에게 이런 포고령을 내렸다.

"2일 안에 프랑스를 떠나지 않으면 사형이다."

그러나 유대인들은 2일 안에 자기 집이나 가구나 논밭을 도저히 매매할 수가 없었다. 프랑스에 살고 있는 유대인들은 사형을 당하지 않기 위하여 급히 떠나기에 바빴다. 만일 귀금속이나 돈이 있어도 가지고 가다가 들키면 빼앗기는 것은 물론이고 사형이었다. 맨몸으로 도망치듯이 프랑스를 떠나야 했다.

그때 파리에서 보석상을 하는 유대인이 있었다. 그는 파리를 떠나면서 이렇게 생각했다.

'옆집 무역상인은 좋은 사람이고 양심적인 사람이다. 그에게 모든 보석을 맡기자. 언젠가 다시 돌아올 것이다. 그때 그는 우리에게 돌려줄 것이다. 그는 매우 양심적이고 좋은 사람이다.'

그러고는 자기 보석가게에 있는 보석들을 모두 그 무역상인에게 맡겼다. 무역상인도 말했다.

"돌아오시면 반드시 돌려드리겠습니다."

유대인 보석상인은 망명길에 올랐다. 그리고 세월이 많이 흘렀고 필립왕도 세상을 떠났다. 유대인들에 대한 박해도 사라지면서 떠났던 유대인들이 하나둘 돌아오기 시작했다. 보석상인도 돌아오는 대열에 끼어 있었고 그는 맨 먼저 보물을 맡긴 무역상인을 찾아갔다.

그러나 슬프게도 그는 어디론가 떠나버리고 없었다. 백방으로 수소문해 보았으나 그 무역상인은 사업이 안 되어 전 재산을 날리고 어디론가 떠났다는 것이다. 절망적이었다. 그러나 보석상인은 끝까지 추적하여 드디어 그가 살고 있는 집을 찾았다. 가서 보니 그는 절망스러울 정도로 가난이 줄줄 흐르고 있었다. 굶주림과 추위에 덜덜 떨며 몰골도 마치 해골처럼 되어 다 죽어 가고 있는 모습으로 나무상자 위에 앉아 있었다. 유대인이 들어서자 그는 알아보고 반색을 하며 맞이했다. 그러면서 말했다.

"여기 당신의 보물이 있소. 소중히 간직하여 왔지요."

예상치 못했던 일에 유대인은 놀라서 물었다.

"어떻게 이처럼 어려운데 내 보물을 보관하였습니까? 당신 재산은 다 잃어버리면서 내 보물을 어떻게 이 상자에 그대로 가지고 계십니까?"

그 무역상인이 유대인 보석상에게 말했다.

"내 것이 아닌데 어떻게 손을 댈 수 있겠소? 여러 번 삶에 절망하여 회의를 느끼며 자살하고 싶었지요. 죽고 싶어도 당신에게 이 보물을 돌려드려야 하기에 죽지 못하였소. 내가 이 보물을 돌려주겠다고 약속하지 않았나요? 나는 내가 한 약속을 잊지 않고 당신을 기다리느라고 죽지 않았소. 자! 받으시오."

그는 깔고 앉아 있던 보물 상자를 내밀었다. 유대인 보석상은 깊은 감동을 느꼈다. 그리고 이렇게 말했다.

"선생님! 이제 과거를 잊으십시오. 이제 제가 해드릴 보답만 남았습니다. 이 보물의 반은 선생님의 것입니다. 그리고 선생님은 내 식구입니다. 이 보물을 같이 쓰며 같이 살 식구입니다. 아팠던 과거는 잊으십시오. 지금부터는 나와 행복한 미래만 있을 것입니다."

그 후 영원한 식구로 같이 행복하게 살았다는 아름다운 이야기다. 오늘날 각박한 현실에서는 구현되기 어려운 일일지도 모르지만 절망 속에서도 약속을 지킨 긍정적인 무역상인은 우리에게 찐한 감동을 준다.

추수감사절

영국에서 신앙의 박해를 받아 네덜란드로 '순례의 길'을 떠났던 청교도들은 네덜란드의 암스테르담과 라덴에서 얼마 동안 신앙의 자유를 누리며 살다가 1558년 영국의 엘리자베스 1세가 여왕으로 즉위하자 타향살이를 청산하고 영국으로 돌아가기로 작정했다.

그러나 영국의 엘리자베스 여왕은 청교도들의 입국을 허락해 주지 않았으며 이어 즉위한 제임스 1세 그리고 그의 아들 찰스 1세는 왕권신수설을 받아들여 국민들이 영국 국교만 믿고 이를 따를 것을 강요하게 되었다. 결국 청교도들은 고국인 영국 땅에 정착하지 못했고 신앙의 자유를 찾아 대서양을 건너 아메리카 대륙으로 가기로 한다.

1620년 9월 29일 승무원 6명을 비롯한 '필그림 파더스'라고 불리는 101명(남 72명, 여 29명)의 영국 청교도들은 신앙의 자유를 찾아 '메이플라워호'를 타고 영국 남서쪽 플리머스 항구를 떠났다. 그렇게 출항한 그들의 항해는 그리 순탄치만은 않았다.

대서양을 가로질러 항해해야 했기에 그들은 높은 파도와 싸워야 했고, 좁은 함선에서의 갑갑한 생활, 게다가 빈약한 식량으로 인해 모진 고난의 여정을 견뎌야만 했다. 약 2개월간의 악전고투 항해 끝에 드디어 1620년 11월 9일에 신대륙 매사추세츠주 '케이프 카드' 만에 감격적으로 도착하게 된다.

그런데 험난한 항해의 여정으로 지칠 대로 지친 영국 청교도들에게 찾아온 것은 바닥난 식량과 극심한 굶주림, 11월에 시작된 매서운 겨울 추위 그리고 아메리카 신대륙에 이미 살고 있던 인디언들의 습격에 대한 공포였다. 청교도들은 이러한 고난 속에서 첫해 겨울을 보내야 했다. 이듬해 봄이 오기 전까지 하루에 2, 3명씩 거의 절반이 죽어나가는 비극의 겨울을 인내해야 했다.

그럼에도 불구하고 청교도들은 하나님의 축복을 받고 있다는 믿음과 신앙의 자유를 찾아 떠나온 의지와 일념을 잃지 않았다. '윌리엄 브래드포드'의 리더십 하에 현재의 보스턴 근방에 자신들이 떠나왔던 영국의 플리머스를 기념하면서 '플리머스'라고 이름 짓고 황무지 땅을 열심히 개척했다.

그러는 가운데서도 인디언들에 대한 습격과 분쟁은 여전했지만 1621년 3월 봄을 맞으면서 인디언과 청교도 간에 상호 협력 및 불가침 조약이 맺어졌다. 이후 청교도들은 그들에게 우호적인 태도를 보인 '왐파노악' 부족 인디언들로부터 옥수수와 밀, 토지 경작법 등 많은 도움을 지원받게 되었다.

바닥난 식량으로 인해 일주일에 3일씩 어쩔 수 없이 금식하면서 굶주린 배를 움켜쥐어야 했을 때에는 인디언들이 짐승들을 잡아다 주는 덕분에 겨우 굶주림을 면하면서 버텨 나갈 수 있었다. 청교도들은 봄부터 가을까지 풍요로운 수확물을 학수고대하며 열심히 개척해 나갔다.

드디어 가을이 되었고 그들의 기도와 기대대로 봄에 심었던 옥수수와 보리, 밀 등이 풍작을 이루었으며 신대륙에서의 감격적인 첫 추수를 거두었다. 청교도들의 지도자 브래드포드는 지금까지 돌보셨던 하나님의 은혜에 크게 감사드리며 열심히 땀 흘렸던 자신들의 첫 수확을 축하하기 위해, 그리고 첫 수확을 크게 도왔던 인디언들을 기억하기 위해 왐파노악 부족 인디언 '마사소이드'를 초청하여 그렇게 최초의 '추수감사절'을 지켰던 것이다.

이 초청의 자리에 마사소이드 추장은 90명의 용사와 함께 참석하였다. 이날 청교도들은 들새를 잡으러 나가서 많은 칠면조를 잡았다고 한다. 청교도들은 제단을 쌓았고 인디언들과 함께 모여 앉아서 하나님께 감사를 올리며 큰 잔치를 열었다. 생존한 청교도들은 그렇게 감격적인 첫 추수감사예배를 드렸던 것이다. 목숨과 맞바꿔야 했을 정도로 그토록 바라고 바랐던 신앙의 자유를 만끽하는 시간이 찾아온 것이다.

1621년 11월 마지막 목요일, 이것이 유래가 되어 오늘날의 '추수감사절'이 탄생된다. 그래서 미국의 추수감사절에는 칠면조 요리를 먹는 전통도 생긴 것이다. 그러다가 미국의 초대 대통령이었던 조지 워싱턴이 1795년 1월 1일 '감사절과 기도의 날'로 선포해 오늘날까지 이어지고 있다.

풍요롭게 하는 '감사 십계명'

어떤 사람이 '신神과의 인터뷰'를 하며 신에게 물었다.

"인간에게서 가장 놀라운 것이 무엇인가요?"

신이 두 가지를 대답했다.

"돈 벌기 위해서 건강을 잃어버리고 건강을 되찾기 위해 돈을 잃는 것과 미래를 염려하느라 현재를 놓쳐 버리고 현재도 미래도 살지 못하는 것이다."

참으로 인간들의 잘못된 군상을 지적하고 경종을 울리는 말이 아닐 수 없다. 그렇다면 어떻게 살아야 할까? 당연히 건강을 최우선으로 챙기고 현재를 선물처럼 살아야 할 것이다.

성경에는 "항상 기뻐하라. 쉬지 말고 기도하라. 범사에 감사하라."라는 복음 내용이 있다.

결국 범사에 감사하는 습관은 기쁨을 부르고 기쁨은 행복을 부르는 방정식이다. 우리 삶의 여정에서 건강과 행복이 넘치고 마치 자신이 꽃길을 거닌다고 느낄 때 비로소 우리의 삶도 풍요로워질 것이다. 곧 현세에서 행복한 천국을 누리게 되는 것이다.

돌이켜보면 역시 일을 통한 감사의 삶을 사는 것이 중요하다. 감사가 출발점이 될 수 있다면 행복한 삶은 이미 우리 곁에 와 있다고 보면 된다. 감사의 중요성을 새삼 생각하며 '감사의 조건'을 스스로 만들 수 있는 '감사 십계명'을 소개한다.

생각이 곧 감사다
생각think과 감사thank는 어원이 같다. 좋은 생각은 감사를 불러일으킨다.

작은 것부터 감사하라
바다도 작은 물방울부터 시작되었다. 사소하고 작아 보이는 것에 먼저 감사하라.

자신에게 감사하라
삼라만상을 보며 감탄하면서 정작 자신에 대해서는 감탄을 모른다. 자신에게 감사하는 것이 매우 중요하다.

일상에 감사하라
숨을 쉬고 맑은 하늘을 보는 작은 것도 감사해야 한다.

문제를 감사하라
문제는 우리 주변에 있기 마련이고 항상 해결책도 있기 때문이다.

더불어 감사하라
장작더미도 함께 있을 때 더 잘 탄다. 가족끼리 감사를 나누면 수십 배의 결실로 돌아온다.

그럼에도 불구하고 감사하라
결과를 보고 감사하지 마라. 문제 앞에서 드리는 감사가 아름답다.

잠들기 전 시간에 감사하라

대다수 사람들은 짜증과 걱정을 안고 잠자리에 드는데 잠들기 전 저녁감사는 영혼의 청소가 된다.

감사의 능력을 믿고 감사하라

감사에는 메아리 효과가 있다. 감사하면 감사한 대로 이뤄진다.

모든 것에 감사하라

당신의 삶에서 은혜와 감사가 아닌 것은 단 한 가지도 없다.

노인의 '감사기도'

1918년 미국 미네소타주 '보베이'라는 작은 탄광촌에서 사진관을 운영하는 사람이 있었다. 그의 이름은 '에릭 엔스트롬'이다. 어느 날 아주 백발이 성성하고 세상사에 몹시 지쳐 보이는 야위고 남루한 한 노인이 보잘것없는 신발털이를 팔러 왔다. 그 노인은 아주 초라한 모습으로 사진관에 들어와 잠깐 쉬고자 했다. 그리고 몹시 시장했던지 테이블 앞에 앉아 식사를 했다.

그런데 이 노인은 소박한 빵과 스프를 앞에 두고 감사기도를 드렸다. 사진사인 엔스트롬 씨는 그 모습을 보고 큰 감동과 전율을 느꼈다. 작은 것에도 감사기도를 드리는 초라한 그 노인이 큰 사람으로 보였던 것이다. 엔스트롬 씨는 그 노인을 보며 이런 생각을 했다.

'이 노인은 세상의 물질적인 것들을 많이 갖지는 못했지만, 다른 사람보다 더 많은 것을 가졌구나. 그는 감사할 줄 아는 마음을 가졌으니까.'

그는 그 자리에서 노인의 사진을 찍었다. 나중에 이 흑백사진을 보고 엔스트롬 씨의 딸인 '로다 엔스트롬 나이버그'도 큰 감동을 받아 이 사진을 유화로 그렸다. 그 작품이 바로 감사기도하는 노인의 모습을 그린 유화작품「은혜」다.

엔스트롬 씨는 이 사진을 통해 당시 제1차 세계대전으로 인해 고통 받는 많은 사람에게 아직 감사할 것이 많이 남아 있다는 것을 보여주고 싶었다. 그래서 이 사진을 미네소타 사진전에 출품하였다. 삶에 지친 노인이 빵 한 조각과 스프를 가지고도 감사기도를 드리고 있는 이 그림은 미네소타주의 사진으로 선정되었다. 너무나 유명한 이 그림의 제목은「은혜The Grace」였다.

세상의 시각으로 보면 우리는 작은 것에 감사하기 어렵다. 그러나 가난해도 어려워도 늘 감사하는 사람들이 있다. 그런 사람이 복된 사람이다. 지금 우리는 과연 무엇으로 감사하고 있을까? 우리가 많이 가지면 감사할 수 있을까? 세상에는 남들보다 많이 갖고도 감사하지 못하는 사람이 너무 많다. 우리가 남들보다 성공하고 잘 나가면 감사할 수 있을까? 실제로 그렇지 못한 사람이 더 많다. 감사는 결코 그리 거창한 것이 아니다.

우리가 남들보다 더 큰 것을 받아야 감사한다면, 너무 특별하고 엄청난 것을 누릴 때만 감사한다면, 우리에게는 놀라운 기적 같은 것은 일어나지 않는다.

감사는 행복을 성장시킨다. 항상 감사하는 마음의 힘은 행복해서 감사하는 것이 아니라, 범사에도 감사하기 때문에 행복해진다고 한다.

유대인 속담에 담긴 '무한 감사'

"만일 다리 하나가 부러졌다면, 두 다리가 모두 부러지지 않은 것을 하늘에 감사하라. 만일 두 다리가 부러졌다면 목이 부러지지 않은 것에 감사하라. 그런데 만일 목이 부러졌다면 더 이상 걱정할 일이 없어진 상황이다." 이 유대인 속담은 우리에게 많은 시사점을 주고 있다.

어떤 고난을 당하더라도 최악이 아님을 감사할 줄 알아야 하고 살아 숨 쉴 수 있어 무엇인가 할 수 있다는 걸 감사해야 한다. 사람들은 잃어버린 것과 남은 것 중에서 늘 잃어버린 것만 생각하며 아쉬워하고 안타까워한다. 하지만 내게 무엇인가 남아 있고, 그걸 바탕으로 다시 시작할 수 있다면 얼마나 고마운 일일까.

비록 모두 다 잃었다고 해도 내 몸이 성하다면, 그보다 고마운 일은 없을 것이다. 건강한 몸을 가지고 있는 것만으로도 커다란 축복이기 때문이다. 흔히 돈을 잃으면 조금 잃는 것이고, 명예를 잃으면 많이 잃는 것이고, 건강을 잃으면 모두를 잃는 것이라고 한다. 물론 살 수 있다고 다 기쁘고 행복한 건 아니겠지만, 그래도 살아 숨 쉬며 무엇인가를 할 수 있는 것처럼 기쁘고 행복한 일은 없다.

결국 살아 있으니 인생을 논할 수 있고, 희로애락도 삶을 이어갈 수 있을 때라야 의미가 있다. 누리며 살아가는 즐거움을 뒷받침해 주는 것이 바로 건강이다. 우리는 건강을 토대로 최악이 아님을 감사할 줄 알아야 하고 살아 숨 쉴 수 있어 무엇인가 할 수 있음을 감사한다면, 우리 곁에는 행복이 넘치고 행복한 삶이 이미 다가와 있을 것이다. 감사의 조건을 만들어서라도 감사한다면 바로 행복해질 것이다.

'헬렌켈러'의 소박한 감사기도

헬렌켈러의 『내가 3일 동안 볼 수 있다면』을 보면 우리 생활 가운데 감사해야 할 것이 얼마나 많은지를 깨우쳐 준다.

"만약 내가 사흘간 볼 수 있다면 첫날에는 나를 가르쳐준 선생님을 찾아가 그분의 얼굴을 보겠다. 그리고 산으로 가서 아름다운 꽃과 풀과 빛나는 노을을 보고 싶다. 둘째 날엔 새벽에 먼동이 트는 모습을 보고 싶다. 저녁에는 영롱하게 빛나는 하늘의 별을 보겠다. 셋째 날에는 아침 일찍 큰길로 나가 부지런히 출근하는 사람들의 활기찬 모습을 보고 싶다. 점심에는 아름다운 영화를 보고 저녁에는 화려한 네온사인과 쇼윈도의 상품을 구경하고 저녁에 집으로 돌아와 사흘간 눈을 뜨게 해주신 하느님께 감사의 기도를 드리고 싶다."

헬렌켈러의 소망은 지극히 소박한 것들이다. 우리가 매일 누리며 사는 평범한 것들이다. 눈을 감고 한번쯤 지난 세월을 회고해 보라. 내가 받은 축복이 얼마나 많았던가를 확인해 보라. 여러분은 감사하는 마음의 잔이 차고 넘치는가. 아니면 욕심, 경쟁, 시기, 질투가 감사의 마음을 어지럽히고 있지는 않은가.

진정으로 감사하는 마음만큼 따뜻한 마음은 없다. 감사하는 마음만큼 축복된 마음도 없다. 우리가 감사할 수 있다는 것은 마음에 평화가 있다는 것이며 남모르는 기쁨이 있다는 것이다. 그러므로 마음의 평화를 원한다면 정말로 감사해 보라! 그러면 이미 기쁨과 행복이 넘칠 것이다.

가화만사성 이야기

요즘 뉴스를 접하다 보면 천인공노할 일이 심심치 않게 등장한다. 부모가 자식을 굶겨 죽이는가 하면, 패 죽이는 일이 벌어지고 있다. 그뿐만이 아니다. 이번에는 자식이 힘없는 부모를 학대하고 죽음으로 모는 경우도 있다. 한마디로 가정이 붕괴되는 상황에 왔다 해도 과언은 아닐 것이다. 그런데 지금보다 경제적으로 어렵고 힘들었던 옛날에는 오히려 그런 패륜은 없었다. 잠시 옛날로 돌아가 보기로 하자.

옛날 어느 고을에 어린 나이로 시집을 온 며느리가 있었다. 하루는 시어머니가 솥에 쌀을 안치고는 며느리에게 불을 때라 이르고 잠시 밖으로 일을 보러 나갔다. 어린 며느리는 아궁이 앞에 앉아 불장난까지 하면서 불을 때고 있었는데 어디선가 이상한 냄새가 났다. 깜짝 놀라 솥뚜껑을 열어 보니 밥이 이미 새까맣게 타 있었다.

식구들의 한 끼니를 고스란히 망쳐 놓았으니 며느리는 그만 부엌바닥에 털썩 주저앉아 울 수밖에 없었다. 그때 시어머니가 돌아왔는데, 며느리가 엉엉 울고 있으니 그 영문을 물었다.

"애야, 무슨 일이냐?"

며느리는 차마 대답하지 못하고 손으로 솥을 가리키며 계속 울었다. 시어머니는 솥뚜껑을 열어 보더니 별일 아니라는 듯 며느리를 다독였다.

"괜찮다. 내가 늙어서 눈이 어둡다 보니 밥물을 잘못 안쳤구나."

조금 뒤 아들이 들어오다가 이 광경을 보고 말했다.

"아이쿠, 아침에 내가 귀찮아서 물을 조금만 길어다 놓았더니 물이 적어서 그랬군요. 제 잘못이에요."

조금 뒤 또 시아버지가 들어오다가 이 광경을 보았다. 며느리는 바닥에 앉아 울고 있는데 부인과 아들이 서로 자기 잘못이라고 하니 무슨 일이 있었는지 물었다.

부인에게서 사정을 다 듣고 난 시아버지는 또 이렇게 말했다.

"다 그만둬라. 내 잘못이다. 늙은 내가 아침에 근력이 부쳐서 장작을 굵게 패 놓고 말았더니 불이 너무 과해서 그런 모양이다."

어느 화목한 가정에서 잘못을 내 탓으로 돌리며 상대방을 사랑으로 감싸주고 배려하며 '가화만사성'을 실천한 아름다운 이야기다.

우선 집안이 화목하면 모든 일이 잘된다는 것이다. 모두가 남에게 책임을 전가하고 비난하는 것이 아니라, 자기 잘못을 스스로 반성하고 또 자기가 잘못을 뒤집어쓰면서까지 이웃을 도우려고 하는 것을 볼 수 있다. 요즘 모든 잘못은 '네 탓으로 돌리는 세상'이지만 자기가 먼저 양보하고 자기의 잘못으로 돌리면 모든 것은 편안해질 것이다.

사실 사랑이라는 선물은 한없이 퍼주어도 깊은 산골 옹달샘처럼 마르지 않는 법이다. 요즘처럼 각박하고 무섭기도 한 세상에서 우선 가정에서 '내 탓이오!'라는 캠페인이 정착되고, 이것이 직장과 사회 그리고 국가와 지구촌에까지 확산된다면 정말 아름다운 세상이 될 것 같다.

'사랑'이라는 위대한 약

미국 역사학자들이 미국을 만드는 데 가장 크게 기여한 인물 100인으로 선정한 사람 중에 '월트 휘트먼'이라는 시인이 있다. 그는 서민의 희망과 자유를 진실하게 말했으며 미국에서는 가장 위대한 시인으로 평가받고 있다. 흉탄에 쓰러진 에이브러햄 링컨을 추모하는 시「오 캡틴, 마이 캡틴」은 영화「죽은 시인의 사회」에도 등장하여 전 세계적으로 유명해지기도 했다.

그런 그가 한 의사와 치료에 관해 나누었던 이야기가 있다. 어느 날 한 의사가 그에게 말했다.

"전 의사가 된 지 30년이 됐습니다. 그동안 수없이 많은 사람에게 처방을 했습니다. 그런데 아픈 사람에게 가장 좋은 약은 사랑이라는 것을 깨달았습니다."

그는 크게 공감하며 의사에게 다시 물었다.

"사랑이라는 약이 잘 안 들을 때는 어떻게 합니까?"

그러자 의사가 미소를 지으며 대답했다.

"그러면 투약을 2배로 늘립니다."

이 세상을 살아가다 보면 때로는 수많은 역경을 맞이하는데 그 어떤 역경도 가져가지 못하는 것이 있다. 그것은 우리 마음에 담긴 사랑이다. 그리고 그 사랑으로 피어나는 진정한 행복이다. 사랑한다는 것만으로도 치료가 된다. 그래서 사랑은 무엇보다도 우리에게 꼭 필요한 선물과 같다. 그래서 성경 구절에 있는 믿음, 소망, 사랑 중 그중에 으뜸은 사랑이라는 표현이 가슴에 와 닿는다.

가장 아름다운 배웅

74세의 노인이 99세 어머니와 900일 동안 여행을 떠났다. 그들의 교통수단은 '수레를 매단 세발자전거'였다. 중국 흑룡강에 사는 74세 노인 '왕일민' 씨가 99세 어머니를 위해 세상 나들이를 떠난 이 이야기는 다큐멘터리 영화로 만들어졌고, 『어머니와 함께 한 900일간의 소풍』이라는 책에도 담겨 있다.

어머니는 "서장까지 갈 수 있을까?"라며 아주 먼 그곳에 가고 싶어하셨다. 세계의 지붕이라고 불리는 그곳! 하늘과 가장 가까운 땅인 서장을 어떻게 아셨는지, 왜 그곳에 가고 싶어 하시는지 이유는 알 수 없었지만, 어머니가 가고 싶어하셨기에 아들은 무작정 그곳을 향해 출발했다.

돈이 없어 비행기를 타지 못하고 자동차도 없는 아들은, 어머니를 태울 자전거 수레를 만들어 놓고 흐뭇해했다.

"어머니, 거기 그렇게 앉아 계세요. 편히 앉아서 세상 구경하세요. 이 아들이 자전거 수레를 끌고 가겠습니다."

평생 희생만 하며 늙어 오신 어머니를 위해 아들은 열심히 페달을 밟았다.

"쉬엄쉬엄 가자. 세상에 바쁠 것 없는데."

어머니는 아들이 힘들까봐 하나 남은 이를 드러내며 이렇게 말씀하시고는 환히 웃곤 하셨다. 중간에 병원 신세를 지기도 하고 노숙을 하기도 여러 날이었다. 길에서 먹고 냇가에서 빨래를 해가며 아들과 어머니는 900일 동안의 소풍을 즐겼다. 그러나 안타깝게도 어머니는 원하던 서장까지 가지는 못했다.

103번째 생일을 앞두고 어머니는 눈을 감으며 이렇게 말한다.

"너와 함께 구경하는 동안이 내 인생에서 가장 행복한 순간이었어."

남겨진 아들은 서장에 가고 싶다는 어머니의 꿈을 이루기 위해 유골을 다시 수레에 싣고 7개월간 더 자전거 페달을 밟았다. 그리고 어머니의 유해를 서장에 뿌렸다. 그때 어머니가 뿌연 바람이 되어 늙은 아들의 볼을 쓰다듬는 것이 느껴졌다.

조용히 달아나는 바람을 향해 아들은 마지막 인사를 드린다.

"안녕히 가세요. 어머니! 저도 이생에서의 소풍을 마치고 어머니께 돌아가면 말하렵니다. 어머니와 마주보며 웃었던 그 순간들이 제 인생에서 가장 빛나던 날들이었다고요."

평생 산골에서 일하느라 허리가 굽고, 치아도 하나밖에 남지 않은 99세의 노모를 위해 손수레를 만들어 900일 동안 여행한 74세 아들! 세상에서 '가장 아름다운 배웅'이었다.

'아름다운 인연'을 쌓은 이야기

어느 날 부유한 귀족의 아들이 시골에 갔다가 수영을 하려고 호수에 뛰어들었다. 그러나 금세 발에 쥐가 나서 수영은커녕 물에 빠져 죽을 것 같은 위기에 봉착한다. 귀족 아들은 살려달라고 소리쳤고 그 소리를 들은 한 농부의 아들이 쏜살같이 달려와 그를 구해주었다.

귀족 아들은 자신의 생명을 구해준 그 시골 소년과 자연스레 친구가 되었다. 둘은 서로 편지도 주고받으며 우정을 키웠다. 어느덧 13살이 된 시골소년이 초등학교를 졸업할 즈음 귀족 아들이 물었다.

"넌 커서 뭐가 되고 싶니?"

"의사가 되고 싶어. 하지만 우리 집은 가난하고 형제들이 아홉 명이나 있어서 집안일을 도와야 해."

그 말을 들은 귀족 아들은 이 가난한 시골 소년을 돕기로 결심하고 아버지를 졸라 그 소년과 런던으로 함께 갔다. 그 소년은 런던의 의과대학에 다니게 되었고 그 후 포도당 구균이라는 세균을 연구하여 '페니실린'이라는 기적의 신약을 만들어 내게 된다. 이 사람이 바로 1945년 노벨의학상을 받은 영국의 '알렉산더 플레밍'이다.

한편 그의 학업을 도운 귀족 소년은 정치가로 뛰어난 재능을 보이며 26세의 어린 나이에 국회의원이 되었다. 그런데 이 젊은 정치가가 나라의 존망이 달린 전쟁 중에 폐렴에 걸려 목숨이 위태로워진다. 그 무렵 폐렴은 불치병에 가까운 무서운 질병이었다. 그러나 '알렉산더 플레밍'이 만든 '페니실린'이 급송되었고 그는 극적으로 생명을 건질 수 있었다.

이렇게 시골 소년이 두 번이나 생명을 구해준 이 귀족 소년은 다름 아닌 영국의 민주주의를 굳게 지킨 '윈스턴 처칠'이다. 어릴 때 우연히 인연을 맺은 우정이 평생 지속되면서 이들의 삶에 빛과 생명을 주었던 것이다. 이처럼 만약에 내가 다른 이의 마음속에 새로운 세계를 열어줄 수만 있다면 그에게 있어서 나의 삶은 결코 헛되지 않을 것이다.

후일 영국 수상이 된 부유한 귀족의 아들 '윈스턴 처칠'이 어린 시절 시골에서 우연히 알게 된 가난한 농부의 아들을 무시했더라면 시골 소년은 의사가 되어 '페니실린'을 만들 수 없었을 테고, 처칠은 폐렴으로 목숨을 잃었을 것이다. 결국 귀족 소년과 시골 소년의 깊은 우정으로 농부의 아들은 의사가 되어 노벨 의학상을 받을 수 있었고, 귀족 소년은 전쟁 중에 나라를 구하고 민주주의를 지킨 수상도 될 수 있었던 것이다. 참으로 아름답고 사랑이 담긴 훈훈한 이야기이다.

희생적인 사랑이 낳은 영국 제34대 총리

1863년 영국 어느 추운 겨울 밤, 갓난아이를 품에 안은 한 여인이 남부 '웨일즈'의 언덕을 넘어가고 있었다. 갑자기 세찬 눈보라가 몰아닥쳐 더 이상 걸을 수가 없었고, 아무리 외쳐도 도와줄 사람조차 나타나지 않았다.

다음날 한 농부가 건초 더미를 짊어지고 그 눈 쌓인 언덕길을 넘고 있었다. 농부는 언덕의 한 움푹한 지점에서 이상한 형태의 눈덩이를 발견했다. 그 눈덩이를 헤치자 그 속에는 알몸으로 얼어 죽은 한 여인이 있었다. 여인의 품에는 그녀의 옷으로 감싼 무언가가 안겨 있었는데, 농부가 옷을 헤치자 아직 숨을 할딱이는 갓난아이가 있었다. 여인은 추위 속에서 자신의 옷을 하나씩하나씩 벗어 아이를 감싸고 자신은 알몸으로 숨을 거뒀던 것이다.

이 아이는 커서 훗날, 제1차 세계대전 중 전시 내각을 이끌었고 '베르사유 조약'을 성사시킨 바로 영국의 제34대 총리 '데이비드 로이드 조지'이다. 그는 자신을 키워준 농부로부터 어머니 얘기를 자주 들었다. 그는 늘 어머니의 희생적인 사랑을 생각하며 죽을힘을 다해 공부를 했다.

그는 아무리 추워도 따뜻한 옷을 입지 않았고 맛있는 음식도 배불리 먹지 않았으며 아무리 피곤해도 하루 5시간 이상 잠을 자지 않았다. 나태해진다는 생각이 들 때면 '웨일즈' 언덕에 올라가 눈보라 속에서 자신을 살리기 위해 옷을 벗어 감싸 주신 어머니를 생각했다. 그의 마음은 일생 동안 어머니에 대한 고마움과 그 사랑에 보답코자 하는 간절함으로 가득 차 있었고 그는 결국 영국의 훌륭한 총리가 되었다.

'행복한 상태'란 과연 무엇일까? 대다수의 사람들은 이에 대해 육신의 안락함과 풍요로운 현실 위주로 생각하지만 더 본질적인 것은 마음의 행복이다. 마음속에 고마운 마음, 감사한 마음이 가득 차 있는 사람은 행복한 사람인 것이다. 반면에 요즘 유행하는 말로 부모를 잘 만나 금수저를 물고 태어났다 하더라도 항상 원망과 불평과 섭섭한 마음을 품고 사는 사람은 불행한 사람이다. 이런 사람들은 마음이 삐뚤어지고, 인생이 삐뚤어져서 결국 불행한 삶으로 인생을 마감할 수밖에 없다.

　인생을 살면서 누구에게나 고마운 분은 있기 마련이다. 그분들이 있어서 오늘의 내가 있는 것이다. 행복한 마음을 가지기 위해 고마운 사람들과 고마운 일들로 마음을 채워 보라. 어떤 자녀는 천 번 만 번 잘해 줬는데도 몇 번 섭섭하게 느낀 것을 죽을 때까지 가슴 깊이 간직하고 부모를 원망하고 결국 스스로를 불행한 삶으로 만들어 가기도 한다.

　부부가 서로 잘해 준 것은 셀 수 없이 많을 텐데 몇 번 섭섭한 것에 한을 품고 이혼하거나 스스로 목숨을 끊는 우매한 사람도 있다. 요즘 우리나라는 국민 행복을 위한 갖가지 복지 예산이 많이 늘어났다. 그런 만큼 나라에 대한 고마운 마음, 감사한 마음으로 행복지수가 높아져야 할 텐데도 반대로 불행지수가 높아지고 있다. 앞에 소개한 영국의 제34대 총리 '데이비드 로이드 조지'는 가장 불행한 시대에 가장 불행한 자리에서 태어났지만, 항상 어머니에 대한 감사한 마음으로 가장 훌륭하게 살았다. 그의 인생역정을 음미해 보며 귀감으로 삼아야 할 것이다.

인간 승리, 지고한 가족사랑

그는 집안 형편이 너무 어려워 다 해어진 점퍼, 낡은 가방 그리고 색 바랜 옷이 전부이다. 그가 가진 것 중에 해지고 낡아도 그나마 창피하지 않은 것은 오직 책과 영어사전뿐이다. 학원 수강료를 내지 못했던 그는 학원의 허드렛일을 하며 강의를 들었다.

수업이 끝나면 지우개를 들고 이 교실 저 교실 바쁘게 옮겨 다녀야 했고, 수업이 시작되면 머리에 하얗게 분필가루를 뒤집어 쓴 채 맨 앞자리에 앉아 그래도 열심히 공부했다.

엄마를 닮아 숫기가 없는 그는 오른쪽 다리를 심하게 절고 있는 소아마비다.

하지만 결코 움츠러들지 않았다. 오히려 가슴속에는 앞날에 대한 희망이 고등어 등짝처럼 싱싱하게 살아 움직였다. 짧은 오른쪽 다리 때문에 뒤뚱뒤뚱 걸어다니며, 가을에 입던 점퍼를 한겨울에까지 입어야 하는 가난 속에서도 이를 악물고 손에서 책을 놓지 않았다. 그러던 어느 추운 겨울날 책 살 돈이 필요하여 엄마가 생선을 팔고 있는 시장에 찾아갔다.

몇 걸음 뒤에서 엄마의 모습을 바라보다가 차마 더 이상 엄마에게 다가서지 못하고 눈물을 삼키며 그냥 돌아서야 했다. 엄마는 낡은 목도리를 머리까지 칭칭 감고 질퍽이는 시장 바닥의 좌판에 돌아앉아 김치 하나로 차가운 도시락을 먹고 있었다.

밤마다 졸음을 깨우려고 몇 번이고 머리를 책상에 부딪혀가며 밤새워 공부했다. 어릴 적 아버지가 돌아가신 뒤 엄마는 두 아들을 힘겹게 키웠다. 두 형제는 같은 장애인이다. 중증 뇌성마비인 형은 심한 언어장애 때문에 말 한마디를 하려면 얼굴 전체가 뒤틀려 무서운 느낌마저 들 정도이다.

형은 엄마가 잘 아는 과일 도매상에서 리어카로 과일 상자를 나르며 어려운 집안 살림을 도왔다. 그는 그런 형을 생각하며 더욱 이를 악물고 공부했다. 그 뒤 시간이 흘러 그토록 바라던 서울대학교에 합격하던 날, 합격 통지서를 들고 제일 먼저 엄마가 있는 시장으로 달려갔다.

엄마에게 다가가 등 뒤에서 엄마의 지친 어깨를 힘껏 안아 드렸다.

"엄마! 나 합격했어."

그 말을 하면서도 눈물 때문에 더 이상 엄마 얼굴을 볼 수 없었다. 엄마도 먹던 밥을 채 삼키지 못하고 하염없이 눈물을 흘리며 사람들이 지나다니는 시장 골목에서 한참 동안 그를 꼭 안았다.

그날 저녁 시장 한구석에 있는 순댓국밥 집에서 가족 셋은 오랜만에 함께 밥을 먹었다. 엄마는 지나간 모진 세월의 슬픔이 복받쳤는지 국밥 한 그릇을 다 들지 못했다. 그저 색 바랜 국방색 전대로 눈물만 찍으며 돌아가신 아버지 얘기를 꺼냈다.

"너희는 아버지를 이해해야 한다. 원래 심성이 고운 분이다. 그토록 모질게 엄마를 때릴 만큼 독한 사람은 아니었어. 내일은 아침 일찍 아버지께 가봐야겠다. 가서 이 기쁜 소식을 얼른 알려야지."

어릴 때 부모님은 자주 다투셨는데 아이들 앞에서 아버지는 엄마를 때렸다. 그러다가 하루 종일 겨울비가 내리던 어느 날, 아버지는 아내와 자식들에 대한 죄책감으로 유서 한 장만 달랑 남긴 채 끝내 세상을 버리고 말았다.

이제 그에게 남은 건 굽이굽이 고개 넘어 풀꽃과 함께 누워계신 아버지를 용서하고 지루한 어둠 속에서도 꽃등처럼 환히 그를 깨워 준 엄마와 형에게 사랑을 되갚는 일이다. 지금 형은 집안일을 도우면서 대학 진학을 목표로 열심히 공부하고 있다. 아무리 피곤해도 하루 한 시간씩 큰 소리로 더듬더듬 책을 읽어 가며 좀처럼 나아지지 않는 발음에 대한 희망을 버리지 않고 있다.

그는 온종일 형을 도와 과일 상자를 나르고 밤이 돼서야 일을 마쳤다. 그리고 늦은 밤 집으로 돌아오는 버스 안에서 어두운 창밖을 바라보며 문득 '앙드레 말로'의 말을 떠올렸다.

"오랫동안 꿈을 그리는 사람은 마침내 그 꿈을 닮아 간다."

그 후에도 그는 우수한 성적으로 공부하였고 지금은 미국에서 우주항공을 전공하는 박사과정에 있다. 국내의 굴지 기업에서 전부 뒷바라지를 하고 있다. 어머니와 형도 미국으로 모셔 같이 공부하면서 보살피고 있다.

'화종구출'에서 깨닫는 의미

세상의 제일 무서운 폭력은 바로 언어다. 그러니 함부로 입을 놀리거나 상대방이 듣기 싫어하는 말을 하지 말아야 한다. 맹렬한 불길이 집을 태워버리듯 말을 조심하지 않으면 결국 그것이 불길이 되어 내 몸을 태우기도 한다. 자신의 불행한 운명은 바로 자신의 입에서부터 시작된다. 입은 몸을 치는 도끼요, 몸을 찌르는 날카로운 칼날이 되기도 한다.

어느 날 공주처럼 귀하게 자라서 부엌일을 거의 안 해본 새색시가 결혼해서 처음으로 시아버지 밥상을 차리게 되었다. 오랜 시간이 걸려 만든 반찬은 그런 대로 먹을 만했는데 문제는 밥이었다. "식사준비가 다 되었느냐."라는 시아버지의 말씀에 할 수 없이 밥 같지 않은 밥을 올리면서 죄송하고 미안한 마음으로 며느리가 말했다.

"아버님, 용서해 주세요! 죽도 아니고 밥도 아닌 것을 해왔습니다. 다음부터는 잘하도록 하겠습니다."

혹독한 꾸지람을 들을 각오를 하고 있는 며느리에게 시아버지는 뜻밖에도 기쁜 얼굴로 이렇게 말했다.

"아가야, 참 잘됐다! 실은 내가 몸살기가 있어서 죽도 먹기 싫고 밥도 먹기 싫던 참이었는데 이렇게 죽도 아니고 밥도 아닌 것을 해왔다니 정말 고맙구나!"

그동안 친정에서 뭘 배웠느냐, 대학은 폼으로 나왔냐 등의 말로 상처를 줄 법도 한데, 그러지 않고 오히려 무안해할 며느리에게 따뜻한 말을 건넨 시아버지는 정말 지혜로운 분이다.

그 지혜로운 인격과 성품으로 그 시아버지는 평생 극진한 섬김을 받았다. 이렇듯 상대방의 입장을 헤아려주는 말 한마디로 천 냥 빚을 갚기도 하고, 상처 주는 말 한마디로 평생 원수가 되기도 한다. 세상에서 가장 파괴적인 것이 무엇일까? 핵무기? 환경공해? 그러나 정말 보이지 않게 날마다 인간의 마음을 파괴하는 것은 다름 아닌 '말의 폭력'이라고 한다.

인간관계는 유리그릇과 같아서 조금만 잘못해도 깨지고, 말 한마디에 상처받게 되며 원수가 되어 버린다. 우정을 쌓는 데는 수십 년이 걸리지만 그것을 무너뜨리는 데는 단 1분이면 족하다. 서로서로 따뜻하고 정다운 말 한마디로 상대를 배려하고 사랑할 수 있는 삶으로 살아가면 참 좋겠다.

귀를 더럽히면 마음도 더럽히는 것이다. 입을 더럽히면 역시 마음을 더럽히는 것이다. 한번 마음이 더러워진 뒤에는 얼룩지고 때가 끼어도 잘 알 수 없다. 더러워지기 전에 조심하고 경계해야 한다.

지켜지지 않은 '어느 부부의 약속'

　남편은 법원 공무원이었고 아내는 초등학교 교사였다. 부부는 은퇴 후 시골에서 '전원생활'을 하면서 1년에 한 번씩 반드시 '해외여행'을 하기로 계획을 세웠다. 궁상스러울 정도로 돈을 아끼며 평생을 구두쇠처럼 살았다. 유일한 이들의 낙樂은 시골에 내려가서 심을 식물 종자를 구하고 여행을 다닐 때 입을 옷을 사전에 준비하는 것이었다.

　하지만 남편은 결국 은퇴를 하지 못했다. 정년퇴직을 2년 앞두고 폐암으로 숨을 거두었다. 홀로 남은 아내는 우울증에 걸렸고 식음을 전폐한 채 사람들을 만나지 않았다. 어느 날 시집간 딸이 혼자 사는 어머니의 집을 정리하러 갔다가 각종 씨앗과 여행용 옷으로 가득 찬 장롱을 보게 되었다.

　어떻게 그것들을 치워 버리겠는가. 거기에는 너무나 큰 의미가 담겨져 있는데 말이다. 지키지 못한 약속으로 가득 차 있어서 감히 들 수 없을 만큼 무겁게 느껴졌을 것이다.

　경제적으로 좀 더 윤택해지고 아이들 다 키우고 자유로워졌을 때, 그때 하겠다고 벼르고 있는 일이 있다면 지금 당장 해야 할 것이다. '언젠가는 모든 것이 달라질 거야.' 이 말을 믿지 마라. 오늘의 하늘은 맑지만 내일은 갑자기 구름이 보일지도 모르기 때문이다. 당신의 삶에서 해가 저물면 노래를 부르기에는 너무 늦다. 당장 가슴 저리게 사랑하고 그 사랑을 즐겨라. 그래야 행복을 허망하게 도난당하지 않을 것이다.

　지금 주어진 이 시각을 중요시해야 한다. 한치 앞도 못 보는 게 우리의 삶이다. 즐길 수 있을 때 즐겨라! 그래서 어느 명언에는 이런 말이 있는지도 모른다. 어제는 역사이고 내일은 미스터리일 뿐이다. 결국 오늘을 '선물'처럼 살아야 행복한 삶도 향유할 수 있다.

진정한 명예심 '노블리스 오블리제'

6·25전쟁 중 수많은 아들들의 목숨을 대한민국 땅에 묻어야 했던 미국의 장군들, 포클랜드 전쟁 시 가장 위험한 헬기조종사로 왕자를 참전시켰던 대영제국의 왕실, '흉년에는 가난한 사람들의 논을 사지 않으며 만석이 넘는 재산은 사회에 환원한다.'라는 원칙으로 가난한 사람들의 편에 섰던 경주의 최부잣집 등은 소위 '노블리스 오블리제'를 몸소 실천한 사람들이다.

아무리 세상이 변모하고 가치관이 전도되더라도 진정한 명예심을 잃어서는 안 된다. '노블리스 오블리제'의 유래를 통해 그 의미를 되새겨 본다.

과거 '백년전쟁'이 발발하자 영국과 가장 가까운 프랑스의 항구 도시 '칼레'는 영국군의 집중 공격을 받게 된다. 프랑스의 '칼레'사람들은 시민군을 조직해 맞서 싸웠지만 전쟁이 길어지자 식량이 고갈되어 끝내 항복하고 말았다. 영국 왕 에드워드 3세는 프랑스에 파격적인 항복 조건을 내걸게 된다.

"시민 중 6명을 뽑아 와라. '칼레'시민 전체를 대신해 처형하겠다."

'칼레'의 갑부 '외수타슈 생피에르'를 비롯한 고위 관료와 부유층 인사 등 6명이 자원했다. 이들은 목에 밧줄을 걸고 맨발로 자루 옷을 입은 채 사형집행을 위해 영국 왕의 앞으로 나왔다.

사형이 집행되려는 순간, 임신 중이던 영국 왕의 아내가 처형을 만류하게 된다. 이들을 죽이면 태아에게 불행한 일이 닥칠지도 모른다는 이유였다. 왕은 고심 끝에 이들을 풀어주었고, 6명의 시민은 '칼레의 영웅'

이 되었다. 이것이 가진 자의 의무를 상징하는 '노블리스 오블리제'가 탄생된 배경이다.

한편 노블리스는 '닭의 벼슬'을 의미하고, 오블리제는 '달걀의 노른자'라는 뜻에서 유래되었다는 설도 있다. 이 두 단어를 합성해 만든 '노블리스 오블리제'는 닭의 사명이 자기의 벼슬을 자랑함에 있지 않고, 알을 낳는 데 있음을 말해 주고 있다. 다시 말해서 사회 지도층의 도덕적 의무를 뜻하는 말로 사회로부터 정당한 대접을 받기 위해서는 자신이 누리는 명예만큼 의무를 다해야 한다는 의미이다.

'노블리스 오블리제'란 남을 이길 수 있는 힘을 가졌지만 힘없는 사람을 먼저 사랑하고 배려하는 것이고, 남들보다 많은 돈과 높은 지위를 가지고 있지만 함부로 남용하지 않는 것이다. 또 편한 길을 갈 수 있는 능력과 배경을 가지고 있지만 남들보다 힘든 사회정의의 길을 자발적으로 실천하는 사람이다.

이러한 양보와 절제의 행동은 그 당사자는 물론 그 사람이 속한 국가나 조직체를 더욱 위대하게 하는 시너지를 발휘하게 될 것이다.

3

행복자산

건강할 때 건강을 지키는 것이 가장 경제적이다. 요즘 건강정보들은 봇물처럼 쏟아지고 체질에 따라 다른 결과도 충분히 예상된다. 과거 가장의 책임이 큰 시기에는 경제적 활동의 보장이 매우 중요했다. 은퇴 이후에는 건강에 대한 보장이 상대적으로 중요해진다. '웰스'에서 '헬스'로 위험 관리 목표를 바꾸라.

건강지침 10계명

한 시간만 일찍 자자

우리 국민들은 너무 늦게 자는 경향이 있다. 아이들은 공부하느라 오락하느라 늦게 자고, 어른들은 일하느라 술 마시느라 늦게 잔다. 그래서 잠이 부족한 사람이 많다. 제발 한 시간만 일찍 자라. 늦게 잔다고 해서 그 시간에 뭔가 생산적인 일을 하는 사람은 거의 없다. 오히려 한 시간 더 자면 능률이 올라서 더 많은 일을 할 수 있다. 잠자리에 드는 시간을 한 시간만 앞당겨 보자. 억지로라도 평소 잠자리에 드는 시간보다 한 시간만 앞당겨 누워 보자. 처음에는 잠이 안 오겠지만 습관이 되면 잠이 온다. 그래도 안 되는 사람은 커피를 2주 정도만 끊어보는 것도 한 방법이다.

물 2리터를 마시자

물의 중요성은 다시 말하면 잔소리다. 물은 미네랄이 많이 포함될수록 세포 안으로 잘 흡수된다. 생수가 정수기 물보다 좋은 이유다. 물에 레몬 반쪽의 즙을 내어 마셔 보자. 더욱 풍부한 미네랄을 섭취할 수 있다. 물은 찬물보다 상온의 물이 좋다. 가능하면 소주잔처럼 작은 잔으로 홀짝홀짝 마시는 것이 몸에 쉽게 흡수되어 좋다.

고기는 늘 옳다

우리 국민은 아직도 고기 섭취가 부족하다. 한국인의 72.6퍼센트는 단백질 섭취가 결핍되어 있다는 연구보고도 있다. 식물성 단백질은 아무래도 흡수와 효율성이 떨어진다. 건강하게 오래 살려면, 젊고 활기차게 살려면 반드시 고기를 먹어야 한다. 단백질은 근육, 피부, 장기, 머리카락, 뇌의 원료가 되기 때문에 단백질이 부족하면 우리 몸의 대사기능이 떨어지기 마련이다. 단백질은 젊음과 정력을 유지시키는 성장호르몬과 성호르몬 생성에도 관여한다. 돼지고기 목살 수육이나 쇠고기 우둔살이 단백질 함량이 높으므로 매일 일정량을 먹는 것이 좋다.

밀가루와 설탕 중독에서 벗어나자

평소 위장이 안 좋은 사람, 피부가 안 좋고 알레르기가 있는 사람은 밀가루와 설탕을 끊어 보자. 술과 담배만큼이나 몸에 안 좋은 것을 꼽으라면 밀가루와 설탕이다. 평소 피부가 안 좋아 알레르기가 있다면 밀가루와 설탕을 끊게 되면 확실히 좋아지는 것을 느낄 수 있다. 딱 2주만 끊어 보면 맑아진 피부, 날아갈 것 같은 컨디션 때문에 밀가루와 설탕을 멀리할 것이다. 여성들의 희망인 날씬한 몸매는 덤으로 따라온다.

영양제를 챙기자

음식에서 영양소를 모두 섭취하는 시대는 지났다. 땅의 영양소가 고갈되었기 때문이다. 미국 상원 보고서에 의하면 오늘날 인체에 필요한 영양소를 과일이나 채소를 통해 충분히 먹을 수 있는 사람은 없다는 것이다. 음식물은 영양소 고갈로 50년 전에는 하루 필요 철분을 보충하기 위해서 사과 2알과 시금치 한 단이면 족했는데 지금은 사과 13알과 시금치 19단 먹어야 한다. 40세가 넘었는데도 영양제를 안 먹고 있는 사람이나 "나는 어떤 영양제를 먹어야 할지 모르겠다."는 사람은 기본 영양제 삼총사부터 챙기자. 기본 영양제는 종합비타민 미네랄 영양제, 유산균, 오메가 3 이다. 이 세 가지는 중년이 되면 누구나 부족해지므로 매일 먹는 밥처럼 기본적으로 보충해 주는 것이 좋다. 나머지 영양제는 그때그때 필요에 따라 고르면 된다.

같은 시간에 매일 30분만 걷자

매일 30분씩 같은 시간에 걷자. 건강을 지키는 데 그리 많은 운동은 필요치 않다. 오히려 무리한 운동으로 몸에 무리가 가는 경우가 더 많다. 하루 30분만 걷자. 빨리 걸을 필요도 없다. 산책하듯이 30분 정도 걷는 것으로 충분하다. 다만 조건이 있다. 매일 같은 시간에 걷자. 일정한 시간에 일정량의 운동을 규칙적으로 하는 것이 중요하다. 그래야 몸이 자기 것으로 받아들여 건강이 좋아지는 쪽으로 움직이게 된다. 아침이든 저녁이든 상관없다. 일정한 시간이 중요하다. 저자는 식탁 앞에다가 매일 아침 운동과 영양제 먹는 체크리스트를 만들어 붙여 두었다.

하루 두 번 밥 먹듯이 스쿼드와 플랭크를 하라

아침에 일어나서 그리고 저녁에 한 번, 하루에 두 번 밥을 먹듯이 스쿼드와 플랭크를 해보라. 스쿼드는 허벅지와 엉덩이 근육을 발달시켜 주고, 플랭크는 코어 근육을 발달시킨다. 둘 다 우리 몸의 기둥이 되는 근육이다. 두 가지 운동만 해도 몸의 균형과 건강을 충분히 유지할 수 있다. 게다가 이 두 가지 운동을 하는 데 5분 정도 투자하면 충분하다.

헌신은 헌신짝처럼 버리고 새 신발을 사라

지금 신고 있는 신발을 들어 보라. 밑창이 닳았거나 신발 모양이 변형돼 있다면 헌신짝처럼 버려라. 그리고 나서 나에게 잘 맞는 신발을 새로 장만하라. 신발은 발을 보호하는 기능을 한다. 신발이 변형되었다는 것은 이미 발을 보호하는 기능이 없어졌다는 의미이다. 망가진 신발을 신고 다니면 그 충격이 발에서 무릎으로 전해져 무릎 통증이 생길 수도 있다.

40대가 넘으면 대부분의 사람은 발의 아치가 주저앉는데 그러면 발볼이 넓어져서 신발이 안 맞게 된다. 이때도 조금 넉넉한 신발로 교체해 주는 것이 좋다.

가끔 나만을 위한 시간을 가져라

가끔 힘들어지면 나만을 위한 공간에서 나만을 위한 시간을 가져 보라. 요즘처럼 우울증, 공황장애가 많은 시절은 없었다. 사회가 너무 빠르게 변하고 복잡해서 그런 것 같다. 남의 시선을 의식하지 말고 나만을 위해 살아 보라. 그것이 나도 스트레스를 받지 않고 남에게도 스트레스를 안 주는 길이다. 각자도생이라는 말이 와 닿는 시절이다. 가끔 힘들어지면 나만을 위한 공간에서 나만을 위한 시간을 가져라. 잠시 나를 돌아보면 다시 일어날 힘이 생긴다. 정신이 건강해야 육체도 건강할 수 있다. 항상 긍정의 힘으로 살라.

내 몸이 하는 이야기에 귀를 기울여라

내 몸은 나와 끊임없이 대화하고 싶어서 어떤 형태로든 신호를 보낸다. 그 신호는 약간의 피곤함일 수도 있고, 통증일 수도 있다. 다만 몸이 이야기하는 신호를 알아채지 못하거나 아니면 분명히 느끼고 있음에도 불구하고 현실적인 문제 때문에 무시하는 경우가 많다. 그러나 몸이 하는 이야기를 무시한 대가는 반드시 이자를 쳐서 받게 됨을 명심하라. 가끔은 조용한 곳에서 내 몸이 나에게 어떤 이야기를 하는지 귀를 기울여 보라. 몸이 하는 이야기는 항상 옳다.

'스티브잡스'가 병상에서 남긴 메시지

"나는 사업에서 성공의 최고정점에 도달했었다. 다른 사람들 눈에는 내 삶이 성공의 전형으로 보일 것이다. 그러나 나는 일을 떠나서는 기쁨을 거의 느끼지 못했다. 부富는 그저 익숙한 삶의 일부일 뿐이었다. 지금 이 순간에 병석에 누워 지난 삶을 회상해 보면, 내가 그토록 자랑스럽게 여겼던 주위의 갈채와 막대한 부는 임박한 죽음 앞에서 그 빛을 잃었고 그 의미도 다 상실했다.

어두운 방안에서 생명보조 장치에서 나오는 푸른빛을 물끄러미 바라보며 낮게 웡웡거리는 그 기계 소리를 듣고 있노라면, 죽음의 사자 숨결이 점점 가까이 다가오는 것을 느낀다. 이제야 깨닫는 것은 평생 배곯지 않을 정도의 부만 축적되면 더 이상 돈 버는 일과 상관없는 다른 일에 관심을 가져야 한다는 사실이다. 그건 돈 버는 일보다는 더 중요한 뭔가가 되어야 한다는 의미이다.

인간관계가 될 수도 있고 예술일 수도 있으며 어린 시절부터 가졌던 꿈일 수도 있다. 쉬지 않고 돈 버는 일에만 몰두하다 보면 결과적으로 비뚤어진 인간이 될 수밖에 없다. 바로 나같이 말이다. 부에 의해 조성된 환상과는 달리 하나님은 우리가 사랑을 느낄 수 있도록 감성이란 것을 누구나의 마음속에 넣어 주셨다. 평생 벌어들인 재산은 죽을 때 가져갈 도리가 없다.

가져갈 수 있는 것이 있다면 오직 사랑으로 점철된 추억뿐이다. 그것이 진정한 부이며 그것은 우리를 따라오고 동행하며 우리가 나아갈 힘과 빛을 가져다줄 것이다. 사랑은 수천 마일 떨어져 있더라도 전할 수가 있다. 삶에는 한계가 없다. 가고 싶은 곳이 있으면 가라. 오르고 싶은 높은 곳이 있으면 올라가 보라. 모든 것은 우리가 마음먹기에 달렸고 우리의 결단 속에 있다.

세상에서 가장 비싼 침대? 그건 '병석'이다. 운전수를 고용하여 자가용을 운전하게 할 수도 있고 직원을 고용하여 일을 대신 시킬 수도 있지만, 병을 대신 앓게 할 수는 없다. 물질은 잃어버리더라도 되찾을 수 있지만 절대 되찾을 수 없는 게 하나 있으니 바로 '건강'이다.

누구라도 수술실에 들어갈 즈음이면 진작 읽지 않아서 후회하는 책 한 권이 있는데 그 이름은 『건강한 삶 지침서』이다. 현재 당신이 인생의 어느 시점에 이르렀든지 상관없이 때가 되면 누구나 인생이라는 무대의 막이 내리는 날을 맞게끔 되어 있다.

가족을 위한 사랑, 부부간의 사랑 그리고 이웃을 향한 사랑을 귀히 여겨라. 물론 자신부터 잘 돌보라. 다음은 이웃을 사랑하라."

스티브 잡스가 병상에서 남긴 이 같은 간절한 메시지는 우리에게 많은 교훈과 성찰을 주고 있다.

세상낙원의 함정

미국의 애리조나주에 억만장자들이 은퇴 후에 모여 사는 '썬 밸리Sun Valley'라는 곳이 있다. 그곳은 모든 것이 현대화된 시설로 호화로운 곳일 뿐만 아니라 55세 이하는 아예 입주 금지이다. 평범한 동네에서 흔히 들리는 아이들의 시끄럽게 떠드는 소리도 없고 아무 데서나 볼썽사납게 애정표현을 하는 젊은 커플도 없는 청정지역이다.

갖가지 음식 냄새를 풍기는 길거리 노점상도 없고 길거리 벤치에 누워서 자는 노숙자도 물론 없다. 그곳에서는 자동차도 노인들을 놀래지 않기 위해 시속 25킬로미터 이하의 속도로 달려야만 한다. 하지만 그곳에 사는 사람들은 보통사람들보다 치매 발병률이 훨씬 높다는 연구 보고가 나왔다. 이러한 충격적인 사실에 이시형 박사가 그 이유를 조사하고자 그곳을 갔다.

모든 편의시설이 완벽하게 갖춰져 있고 최신 의료시설에 최고의 실력을 지닌 의사들이 배치되어 있는 곳이었다. 그곳에 있던 사람들이 치매에 걸린 이유는 아이러니컬하게도 첫째로 일상적으로 겪는 '스트레스'가 없고, 둘째로 생활고에 대한 '걱정'이 없으며, 셋째로 생활에 '변화'가 없기 때문에 오히려 병을 유발한다는 것이었다.

그래서 거기에 있던 많은 사람들은 다시 자신이 원래 살던 시끄러운 마을로 돌아간다고 한다. 건강한 삶은 걱정 없이 편안하게 사는 것보다, 오히려 여러 어려움을 겪으면서 그것을 해결해 가는 과정에 있다는 것이다. 세상낙원은 다름 아닌 바로 내가 가장 고민하고 걱정하며 아옹다옹 다투고 화내며 어울려 사는, 지금 우리가 살아가는 이곳이라는 결론이다.

자식들에게 전하고 싶은 7가지

좋은 생각은 생각으로 머물지 말고 행동으로 실천해야 한다. 행동이 반복되면 좋은 습관이 되고 좋은 습관을 반복하면 인격이 바뀐다. 그러면 궁극적으로 자신의 운명도 바뀌게 된다.

건강 이야기
보약보다 운동이다.
보약보다 음식이다.
보약보다 습관이다.
좋은 음식, 좋은 습관과 적당한 운동을 생활화하라.

정신 이야기
세 번 생각하고 세 번 인내하라.
내가 남보다 잘났다는 망상은 버려라.
남의 잘못을 따지기 전에 먼저 내 잘못을 돌아보자.

대인관계 이야기
상대를 대접하라. 그래야 내가 대접받을 수 있다.
상대를 무시하면 또 하나의 적이 생긴 것과 같다.
상대에게 너무 타산적이지 말고 조금은 손해 보는 게 낫다.

친구 이야기

믿음과 신의가 있어야 한다.

거짓 없는 진실로 맺은 우정이어야 한다.

친구의 흉은 내 흉으로 생각하고 내가 막아라.

경제 이야기

반드시 저축하라.

보증은 절대 서지 마라.

기분 내키는 대로 사업상 약속은 하지 마라.

가족 이야기

매사에 사랑이 담겨야 한다.

가사 일은 서로 돕는 것이 필연이다.

서로 인격을 존중하고 언행을 조심하며 소중하게 여겨야 한다.

세상 사는 이야기

세상은 혼자가 아니라 함께 더불어 사는 것이다.

인생의 고개를 넘으면 평지가 나오니 포기하지 마라.

세상사 안전한 길은 자기 분수를 지키는 것이다.

남에게 하는 욕은 한 바퀴 돌아 자기에게 돌아온다.

운동하기 싫은 사람, 대안운동 3가지

우리 주변에는 운동하기 싫다는 사람도 많다. 예컨대 걷기나 달리기가 정말 싫은 사람이 있다. 한편 헬스클럽 등에서 운동하려면 너무 번거로워 집에서 하려고 하지만 실내 공간이 협소해 이마저도 여의치가 않다고 한다. 이렇게 여러 이유로 운동을 하기 힘들면 어떻게 해야 할까? 여기서 미국의 생활건강 매체인 '팝슈가닷컴'이 운동 대신 하면 운동만큼 건강에 좋은 대안운동 3가지를 소개하고 있다. 우리 주변 모두 적극적으로 실천해 보자.

자주 움직이거나 서있자

즉 "엉덩이가 가볍다"는 소리를 듣는 게 오히려 좋다. 사무실에서 일할 때에도 한 시간마다 수차례 일어나 움직이거나 다른 곳으로 갈 때에도 종종걸음을 쳐보자. 전화를 서서 받거나, 노트북을 이쪽저쪽으로 들고 다니며 서서 일을 하는 것도 좋은 방법이다. 주말에도 집에서 앉아 있는 시간을 되도록 줄이고 활기차게 움직이라고 권한다.

건강하게 먹자

건강한 식습관은 어떤 것일까? 자연적이고 깨끗하고 너무 가공되지 않은 채소나 과일, 생선, 육류를 먹는 것이다. 또 배가 너무 부르다는 느낌이 들 정도로 과식하지 않고 조금씩 자주 먹어 다양한 영양소를 풍부하게 섭취하는 것이다. 단 음식을 되도록 피하고 술을 마시더라도 1~2잔 소량으로 마시되 섞어 마시지 않는 게 좋다. 커피도 크림이나 설탕이 들어

가지 않은 블랙커피를 마셔야 건강 효과를 볼 수 있다.

뚜벅이가 되자

예전에는 뚜벅이가 걸어 다니는 사람의 낮춤말로 들렸다. 하지만 요즘에는 걷기야말로 최고의 건강비결로 꼽히며 뚜벅이가 좋다. 걷는다는 것은 파워워킹 등 운동으로서의 걷기만 말하는 게 아니다. 회사에서도 엘리베이터 등을 이용하지 않고 계단을 걸어서 이동하고 출퇴근 시 지하철을 탈 때에도 에스컬레이터 대신 계단을 이용하는 것 등 생활에서 걷기 습관을 유지하는 것이다.

운동할 때 수분 섭취요령

날씨가 좋아지면 야외 운동을 하는 사람이 늘어난다. 하지만 운동할 때마다 물을 챙겨 나서는 경우는 많지 않다. 운동할 때 꼭 지켜야 할 것 중 하나가 물을 충분히 마시는 것이다. 물을 잘 안 마시면 운동 효과가 떨어지고 몸에 무리가 간다. 운동할 때 물을 안 마시면 어떤 문제가 생길까, 얼마나 마셔야 할까 궁금하다.

통상 운동을 하면 심장이 빨리 뛰고 체온이 올라가서 땀이 난다. 중강도 이상의 운동을 해서 땀을 갑자기 흘리면 구역질, 맥박 저하, 현기증, 무력감 같은 탈수 증상이 나타날 수도 있다. 서울대학교 체육교육과 김연수 교수는 "땀을 흘려서 수분이 부족해지면 혈액이 근육이나 피부로 잘 전달되지 않아 운동능력이 떨어지고 전해질이 부족할 경우 심혈관계, 신경계 등에 무리가 가기 때문"이라고 말했다.

특히 물을 마시지 않아서 올라간 체온이 떨어지지 않으면 땀 배출량이 더 많아지는 악순환이 생기기도 한다. 운동 중에는 목이 마르지 않아도 이미 탈수 상태일 수 있다. 자신도 모르는 사이에 몸속 수분이 땀으로 배출되는데 이때 갈증이 느껴지지 않은 경우가 있다. 따라서 갈증 여부와 관계없이 물을 규칙적으로 마시는 게 좋다.

요컨대 물을 마시지 않으면 운동능력이 떨어지고 심혈관계에 무리가 따른다. 갈증을 안 느끼면 물을 안 마셔도 된다는 생각은 역시 잘못이다. 운동 전, 운동 중, 운동 후 적절한 물이나 스포츠음료를 마셔서 운동 효과를 더욱 증진해 보라.

운동 전

운동할 때 땀이 흐를 것에 대비해 물을 미리 마셔야 한다. 김연수 교수는 "운동하기 두 시간 전쯤에 체중 1킬로그램당 5~7밀리리터의 물을 마셔야 한다."고 했다. 체중이 70킬로그램이라면 350~490밀리리터를 마시면 된다는 의미이다. 찬물이 따뜻한 물보다 흡수가 빨리 되므로 섭씨 15~21도 정도의 물을 마시는 게 좋다.

운동 중

땀으로 전해질이 빠져나가므로 물 대신 나트륨과 칼륨 등이 들어 있는 스포츠음료를 마시면 좋다. 한 번에 너무 많은 양을 마시면 위에 부담이 갈 수 있고 흡수도 빨리 되지 않는다. 사람마다 땀을 흘리는 양이 다른데 일반적으로 15분에 한 번씩 두세 모금 정도를 마시면 된다.

운동 후

운동 전의 체중과 운동 후의 체중을 비교한 뒤, 빠진 체중에 따라 물 마시는 양을 달리하면 좋다. 김 교수는 "빠진 체중 100그램당 150밀리리터가 추천 섭취량으로 체중이 500그램 줄었다면 750밀리리터 정도 마시면 된다."고 했다. 적당량의 나트륨을 섭취하면 갈증이나 몸의 상태를 더 빨리 회복시킬 수 있으므로 이때도 스포츠음료를 마시는 것이 도움 된다.

허벅지 근육 단련에 탁월한 뒤로 걷기

걷기는 누구나 쉽게 할 수 있는 운동 중 하나다. '걷기 운동'을 하면 보통 앞을 향해 걷는 것만을 생각하는데 방법을 조금만 바꾸면 색다른 건강 효과를 누릴 수 있다. 뒤로 걷기다. 뒤로 걷기를 하면 어떤 점이 좋을까?

뒤로 걷기는 남성 건강에 특히 도움이 된다. 건국대학교 의대 스포츠 의학연구소 진영수 교수는 "뒤로 걸으면 앞으로 걸을 때와 달리 엉덩이와 허벅지 안쪽 근육이 많이 사용된다. 그러면 그 근육들이 단단해져 발기력 등이 향상된다."라고 했다.

발기부전 환자의 가장 큰 문제는 음경으로 들어간 혈액이 너무 빨리 빠져나오는 것인데 뒤로 걸어 엉덩이와 허벅지 안쪽이 단련되면 음경에서 혈액이 빠져나오는 속도를 늦출 수도 있다. 퇴행성관절염 환자에게도 좋다. 앞으로 걸으면 발뒤꿈치가 땅에 먼저 닿지만, 뒤로 걸으면 발바닥의 앞부분이 먼저 닿으면서 무릎에 가해지는 충격도 줄어든다.

무릎 앞쪽의 근육도 단련되면서 통증 완화 효과를 볼 수 있다. 또 앞으로 걸을 때보다 에너지 소모량이 높아 운동 효과가 크다. 진 교수는 "익숙하지 않은 자세를 취해야 하므로 온몸이 긴장하면서 에너지를 소모한다. 뒤로 걷기를 처음 하는 경우라면 앞으로 걸을 때보다 2~3배 정도 많은 에너지가 필요하다."라고 했다.

앞으로 걷기를 한 시간 할 때마다 뒤로 걷기는 10분 정도 섞어서 하면 좋다. 이런 식으로 1주일에 세 번씩 하면 운동 효과를 충분히 볼 수 있다. 부상의 위험이 있으므로 가능하면 다른 사람과 함께 운동하는 게 좋다. 혼자 해야 한다면 고개를 오른쪽과 왼쪽으로 번갈아 가면서 돌려 뒤를 확인해야 한다.

요컨대 시선은 5~10도 아래를 향하고 가슴과 어깨를 편 상태에서 걸어야 한다. 앞으로 운동에서 '경제 효과'를 충분히 누릴 수 있는 뒤로 걷기를 남녀노소 모두에게 권장하고 싶다.

여름 건강, '8가지 폭염 극복 비법'

유난히 더위가 일찍 또 심하게 찾아왔다. 우리나라 여름철에 그동안 가장 무더웠던 해가 1994년이었고, 2000년대 들어서는 2013년이 가장 무더웠다. 기록적으로 상당히 무더웠던 해인 1994년, 2013년에 비해서 올해의 무더위는 일찍 시작됐고 훨씬 기승을 부리고 있다.

지구 온난화 현상이 가속화되어 이제 겨울보다 오히려 여름 나기가 더욱 괴로울지도 모른다. 좋은 폭염극복 비법이 없을까? 여기 홍혜걸 박사가 강의한 8가지 비법을 요약해서 소개한다.

이수치열 하라

이열치열이란 말이 있기는 하지만 이것은 잘못된 태도이고, '더위는 물로 다스려야 한다'는 의미이다. 전통적인 방법으로 수시로 물을 마시는 등 체온을 식히는 방법이다.

샤워나 등목을 자주 하라

취침 30분 전쯤 약간 차가운 물로 샤워나 등목을 하면 좋다. 특히 열대야를 이기기 위해서 너무 차가운 물은 오히려 좋지 않다.

습도 관리에 신경 써라

일반적으로 수증기 입자가 피부에 닿으면 열을 전달하게 되고 체감온도가 상승하게 된다. 습도는 피부에서 땀의 증발을 방해해 끈적거리고 불쾌지수를 상승시키기 때문이다.

음식을 조금 짜게 먹어라

미국 스포츠의학회에 의하면 여름에는 물 1리터에 0.5~0.7그램의 소금을 섞어서 먹으라고 권장한다. 평소보다 국물 등을 조금 짜게 먹는 것도 한 방법이다.

단백질은 소량씩 자주 먹어라

탄수화물이나 지방은 잉여량이 있으면 우리 몸에 축적된다. 그러나 단백질은 한꺼번에 흡수할 수 있는 양이 30그램 정도이다. 수분이 들어간 고기로 환산하면 150그램 내외이다. 한꺼번에 많이 먹으면 모조리 배변으로 빠져나간다.

계란과 옥수수를 먹어라

계란과 옥수수는 필수 영양소인 단백질과 비타민 B가 풍부하여 더위를 이기게 해준다. 계란은 쉽게 구할 수 있는 가장 싼 단백질이고, 옥수수는 껍질과 알맹이 씨눈을 먹는 거의 유일한 곡류이다.

저강도 운동을 하라

낮에 운동으로 근육에 피로물질을 쌓아 놓으면 열대야에서도 숙면이 가능하다. 장시간 걷기 등 저강도 운동을 하는 게 좋다.

선풍기를 활용하라

물론 에어컨이 제일 좋다. 여건이 허락되지 않거나 전기료가 부담된다면 선풍기도 괜찮다.

겨울 건강, 자연 적응하는 신체 변화 5가지

입동이 지나면 본격적인 겨울로 접어들게 된다. 동물처럼 온몸이 털로 덮여 있지 않은 사람은 추운 계절에 어쩌면 적합하지 않은 몸을 가지고 있다. 예컨대 체온은 항상 36℃ 전후에 머물러 있으려는 경향이 있는데 만약 이보다 낮아지면 삶을 위협받는 극단적인 상황에 이르기도 한다. 따라서 이에 대비할 목적으로 인체 내 장기들을 보호하기 위한 자연적인 방어체계가 작동한다.

먼저 근육이 팽팽해진다. 겨울이 되면 실내에서 밖으로 나갈 때 갑작스럽게 맞닥뜨리게 될 추위에 대비하기 위해 근육이 팽팽하게 수축한다. 이로 인해 몸을 움직일 수 있는 가동 범위가 사실상 줄어든다. 20℃를 넘어서는 온화한 기후에 비해 몸이 경직된 듯 불편해지는 이유이다. 이럴 때 간단한 준비운동으로 긴장된 근육을 상쇄시킬 수 있다. 미국의 생리학자 '스테이시 심즈' 박사는 밖으로 나갈 때에는 갑작스러운 추위에 친숙해질 수 있도록 몇 분간 준비시간을 가지라고 했다. 특히 겨울철 야외운동을 계획하고 있다면 반드시 준비운동부터 하라.

둘째, 혈액이 안쪽으로 모인다. 날씨가 추워지면 몸은 생명과 직결된 장기기관을 보호하기 위한 채비를 가장 먼저 서두른다. 몸의 중심부에 위치한 장기들을 따뜻하게 할 목적으로 혈액은 사지에서 중심으로 이동하게 된다. 겨울이 되면 손발을 따뜻하게 유지하기 어려워지는 이유다. 머리 역시 체온이 많이 빠져나가는 부위다. 따라서 겨울철에는 모자, 장갑, 두꺼운 양말 등 보온성이 좋은 의류로 머리, 손, 발 등을 보호하라.

셋째, 심박동수가 변한다. 심박동수는 추위와 반응해 떨어진다. 이로 인해 우리 몸은 상대적으로 덜 중요하게 생각하는 신체기관인 피부, 팔, 다리로 가는 혈액의 양을 줄인다. 이럴 땐 심박동수가 높아지는 운동을 해서 열을 골고루 분산시킬 수 있다. 그런데 심장은 운동을 하는 근육부위로 혈액을 보내는 것은 물론 몸을 따뜻하게 유지하는 데도 많은 에너지를 쏟게 된다. 날이 따뜻한 때와 동일한 업무량을 수행하기 위해서는 심박동수가 더욱 높아질 수밖에 없다. 추위로 심박동수가 증가하면 혈압도 함께 증가하므로 고혈압이 있는 사람은 각별히 주의하라.

넷째, 기도가 수축한다. 흡입한 차고 건조한 공기가 기도와 폐로 들어가면 그 안에 있던 따뜻한 열기와 습기를 빼앗긴다. 이로 인해 호흡이 짧아지고 숨은 가빠진다. 평소보다 호흡하는 데 어려움이 생기면서 '운동 유발성 기관지 수축'이 일어나는 사람도 있다. 이를 예방하기 위해 역시 야외로 나가기에 앞서 반드시 준비운동부터 하라. 목도리로 목을 따뜻하게 하고 마스크로 입과 코를 가리는 것도 도움이 된다.

마지막으로 콧물과 소변량이 늘어난다. 폐에 공기가 들어가기 전에 이를 따뜻하고 습하게 만드는 역할을 하는 건 바로 콧구멍이다. 공기가 차갑고 건조할수록 코는 열과 습기를 만들어내기에 힘이 들어서 오히려 평소보다 과잉 생산한다. 그래서 추운 날씨에 밖으로 나가면 콧물이 나고 코를 훌쩍대게 된다. 콧물은 물론 소변량도 늘어난다. 추워지면 혈액이 몸 중앙 쪽으로 이동하기에 좀 더 편해지도록 체내 액체량을 감소시키라는 뇌 신호를 보내기 때문이다. 그러면 수분을 바깥으로 배출하기 위해 화장실 가는 횟수가 잦아지는 것이다. 이처럼 소변으로 많은 수분이 빠져나가므로 여름처럼 목마르지 않더라도 자주 물을 마셔야 한다.

겨울 건강, 넘어지면 죽는다

노인 낙상은 이제 개인 삶의 질을 떠나 사회문제가 되고 있다. 우리나라에서 한 해 낙상으로 사망하는 65세 이상 노인은 83만여 명이라고 한다. 교통사고에 이어 노인 사고 사망 원인 2위를 차지한다. 전체 사망 원인으로는 암에 이어 5위다.

강성웅 대한노인재활의학회 회장은 한 심포지엄에서 "암·혈압·당뇨병을 아무리 잘 관리해도 한 번 넘어져 입원하면 멀쩡하던 노인이 불과 몇 달 만에 사망한다. 어떻게 보면 만성질환보다 더 무섭다."라고 했다.

낙상은 특히 날씨가 추운 11월과 2월 사이에 집중적으로 일어난다. 하지만 어느 부위를 다쳤느냐에 따라 사망으로 이어지는 정도가 다르다. 한양대학교 재활의학과 김미정 교수는 "낙상을 당하더라도 팔·손목 등 상지부위가 부러진 정도면 생명에 아무런 문제가 되지 않는다. 하지만 하지 쪽이면 상황이 다르다."라고 한다. 사망으로 이어지느냐 아니냐는 걸을 수 있느냐 없느냐에 달렸다.

강남세브란스병원 재활의학과 박중현 교수는 "다리가 부러졌을 뿐인데 두세 달 만에 돌아가실 정도로 상태가 악화한다는 사실을 대부분 이해하지 못한다. 노인은 젊은이와 달리 하루만 누워 있어도 근육 손실이 엄청나다."라고 했다.

근육 소실이 왜 생명을 위협할까?

근육 감소는 사실 35세 때부터 완만하게 일어나다가(매년 0.7%씩) 60세부터 두 배 이상(매년 2%씩) 빠르게 진행된다. 그래서 평균 80세의 근육은 60세의 절반 정도가 된다고 한다. 그런데 낙상으로 입원하면 근육을 자극하는 활동이 없어 근육량이 급격히 줄어든다.

박 교수는 "입원환자의 근육은 일주일에 10퍼센트 이상 감소해 한 달을 누워 있으면 입원 전에 비해 50퍼센트가 준다."고 강조했다. 이 정도의 근육으로는 본인의 의지로 일어날 수 없게 된다.

근육이 소실되면 몸에 큰 변화가 생긴다. 혈액과 수분이 몸통으로 집중되면서 기관에 과부하가 걸린다. 젊은 층은 곧 회복되지만 노령층은 과부하를 견디지 못해 이상을 일으킨다. 결국 혈관과 내장기관, 그리고 면역세포 기능 역시 크게 약화된다.

결국 작은 감염에도 속수무책으로 당한다. 요로감염과 폐렴, 심부전 등에 걸려 결국 패혈증으로 사망에 이르는 수순이다. 박중현 교수는 "70세 이상 노인에게 일어나는 낙상 후 변화는 한두 달 안에 급속히 진행된다. 특히 엉덩이뼈나 고관절이 부러지면 누워 뒤척일 수조차 없어 대부분 사망으로 이어진다."라고 했다.

대한노인재활의학회 자료에 따르면 고관절 골절을 당한 65세 이상 노인 3명 중 1명은 1년 내에 사망했다. 80세 이상은 절반이 두 달 내 사망했다. 여성은 뼈가 상대적으로 약해 특히 여성 노인은 낙상을 더욱 주의해야 한다. 대한노인재활의학회 조사 결과 여성이 남성보다 낙상 빈도와 골절 빈도가 모두 두 배가량 높았다. 반면 낙상에 의한 사망은 남성이 더 많다.

김동휘 교수는 "낙상으로 인한 골절 후 사망률은 남성이 여성보다 두 배가량 높았다. 남성 노인에게서 심장병 등의 심혈관계 질환이 더 많은 것이 원인으로 추정된다."라고 했다. 낙상으로 누워 있을 때 심혈관계 질환이 있던 환자는 혈관이 더 빨리 노화하고 패혈증도 더 빨리 진행된다.

낙상은 예방할 수 있다. 배우자와 자녀에게도 큰 걱정과 부담을 안겨주니 기필코 겨울철 낙상을 막아라.

겨울철 찾아오는 '우울증' 예방비법

자연 속에서 충분히 순응하며 살아야 마땅하다. 일조량이 부족한 겨울에는 이상하게도 우울증을 호소하는 사람이 많다. 이처럼 계절이 변하며 동반되는 우울증은 계절성 정서장애 또는 SAD라 부른다. 우울증은 주로 뇌 신경전달물질인 세로토닌 등의 부족으로 생기는 질환이지만, 햇빛을 통해 합성되는 비타민D가 모자라도 나타날 수 있다.

영국의 유명 영양치료사 '나탈리 램'은 권한다.

"SAD를 예방하려면 설탕 섭취를 최대한 줄이라."

설탕 등 순당과 빵, 파스타, 비스킷 등에 든 정제된 탄수화물은 장에서 사는 불필요한 세균, 효모의 먹이가 된다. 반면에 채소, 육류, 생선, 콩 등을 자주 먹으면 장 건강과 SAD 예방을 돕는다고 했다.

요리할 때 마늘을 넣는 것도 유익하다. 마늘의 매운맛 성분인 '알리신'이 천연 항생제 역할을 하기 때문이다. 세이지, 로즈마리, 타임 등 치료용 허브를 요리에 사용하면 면역력이 더욱 강화된다. 계란, 육류 등 단백질이 풍부한 식품을 먹는 것도 SAD는 물론 감기 등 다른 겨울철 질환 예방에도 좋다.

특히 계란에는 '세로토닌'의 원료가 되는 '트립토판'이 풍부하다. 계란 100그램에는 약 125밀리그램의 트립토판이 들어 있다. 세로토닌은 심신을 안정시키는 신경전달물질로 우리 몸이 행복을 느끼게 하는 물질이기도 하다. 계란 속 트립토판이 몸속에서 세로토닌으로 변환될 때 비타민B군이 필요하다. 비타민 B군이 풍부한 부추, 멸치, 시금치 등을 계란과 함께 섭취하면 환상적인 궁합으로 더 큰 효과를 기대할 수 있다.

아연, 셀레늄, 비타민 C, 비타민 E도 우리 몸의 면역 시스템을 증강시키는 영양소이다. 오메가-3 지방을 부족하지 않게 섭취하는 것도 도움이 된다. 등 푸른 생선, 아보카도, 견과류, 씨앗 종류 등에 풍부한 오메가-3 지방은 세로토닌이 뇌에서 더 많이 생성되게 한다.

비타민 D는 햇볕을 받으면 피부에서 생성된다. 자외선 차단크림을 바르지 않은 상태로 오후에 15분 이상 피부를 햇볕에 노출시켜야 비타민 D를 충분히 섭취할 수 있다. 일조량이 적은 겨울에는 비타민 D3 보충제를 복용해 보라.

예컨대 비타민 D는 세로토닌의 생성을 도와 겨울에 비타민 D 보충제를 챙겨 먹으면 기분이 좋아지기도 한다. 또 하루 7~8시간 충분한 수면을 취하는 것도 우리 몸의 면역시스템을 회복시키는 데 매우 중요하다. 이 같은 내용은 사소한 내용 같지만 알고 실천하는 사람과 그렇지 못한 사람은 천양지차의 결과를 가져오게 된다.

췌장을 살리는 식습관

인체에 생기는 암 중에서 생존율이 가장 낮은 암이 췌장암이다. 충남대학교 화학과 이계호 교수는 "췌장은 우리 몸에서 일종의 병원 응급센터와 같은 역할을 담당한다."라고 했다.

췌장은 첫째, 우리 몸에 인슐린 호르몬을 분비하는 기관이다. 우리 몸에 정상 혈당은 100 이하로 엄격히 관리되고 있다. 이 범위를 벗어나는 것은 일종의 비상사태가 된다. 이렇게 되면 곧바로 인슐린 호르몬을 내놓아 높아진 혈당을 끌어내린다. 그래서 정상혈당 관리는 알파이자 오메가라 해도 과언이 아니다.

둘째, 소화효소를 분비하는 기능도 맡고 있다. 탄수화물 50퍼센트, 단백질 50퍼센트, 지방 90퍼센트를 소화할 수 있는 효소를 분비한다. 특히 탄수화물 소화의 최후 보루와도 같은 곳이다. 입에서 씹지 않고 그대로 넘어온 탄수화물을 50퍼센트 정도 소화시키는 장기로 알려졌기 때문이다.

그렇다면 무엇이 '췌장'을 혹사시키는가? 먼저 씹는 기능의 소홀이다. 탄수화물을 소화하기 위해서는 '아밀라아제'라는 분해효소가 필요한데 위에서는 아밀라아제가 한 방울도 나오지 않는다. 위에서는 단지 고기를 분해하는 단백질 분해효소만 나온다. 탄수화물을 소화시키는 아밀라아제는 침 속에만 있다. 따라서 밥이나 빵, 국수를 먹을 때도 반드시 꼭꼭 씹어서 삼켜야 한다. 그래야만 침 속에 들어 있는 탄수화물 분해효소인 아밀라아제가 많이 분비되면서 통상 원활한 소화과정이 이뤄진다.

다음은 단 것을 너무 많이 먹기 때문이다. 췌장이 휴식할 틈도 안 주고 너무 자주 많이 단 것을 즐기면 췌장도 결국 손을 놓게 된다. 즉 인슐린 분비에 제동이 걸리면서 혈당 조절에 실패하게 되는데 이것이 바로 당뇨병이다. 따라서 췌장을 살리는 '식습관'을 인지하고 평소 생활을 통해서 지켜 나간다면 문제는 쉽게 해결될 수 있다.

무조건 씹어라

그동안 대충대충 씹고 지금껏 살아 왔다면 더 이상은 안 된다. 씹지 않고 삼키는 습관이 계속되어 왔다면 췌장의 도움으로 겨우 살아가고 있다는 의미이다. 조금 귀찮고 시간이 걸려도 음식을 먹을 때는 많이 씹어서 삼키는 습관이 중요하다. 심지어 미숫가루나 생식을 먹을 때도 그냥 삼키면 100퍼센트 독이 되고 췌장을 혹사하는 짓임을 기억하라.

3·2·1 물 마시기 건강법을 실천하라

첫째 식사 30분 전에 물 한 잔 마시기, 둘째 식사 2시간 후에 물 한 잔 마시기, 셋째 아침 공복, 저녁 자기 전에 각각 물 한 잔 마시기 등 이렇게 하면 췌장을 살리는 기적의 비법이 될 수 있다.

무조건 단 것을 덜 먹어라

흰 쌀밥, 흰 밀가루 음식, 설탕 등 정제된 탄수화물은 췌장에 과부하를 초래하는 주범이므로 최대한 적게 먹어야 한다.

식이섬유를 많이 섭취하라

식이섬유는 '숨겨진 진주'라고 할 정도로 영양가치가 뛰어나기 때문에 평소 식이섬유가 많이 든 채소와 과일 샐러드 한 접시를 20분간 천천히 먹고 난 뒤, 주식을 먹을 것을 권장한다.

이것은 췌장의 기능을 살릴 뿐 아니라 다이어트 효과도 함께 얻을 수 있으니 일거양득이다. 결국 암, 당뇨 등 고질병은 병이 발현되기 10~15년 전부터 원인이 누적되어 나타난다. 미리미리 좋은 식습관을 바르게 실천함은 물론 생활화하라.

한국인 영양상태 '칼슘 부족'

우리나라 국민 4명 중 3명은 칼슘을 권장 섭취량보다 일반적으로 적게 섭취한다고 한다. 성인 영양섭취 기준에 의하면 1일 권장량은 700밀리그램(50세 이상 여성의 경우 800밀리그램)이다. 통계에 의하면 영아기에는 칼슘 섭취량의 60퍼센트 이상이 흡수되지만, 사춘기를 지나면서 이상하게도 흡수율이 30퍼센트 정도로 낮아진다.

칼슘이 부족해질 때 나타나는 신체의 변화와 부작용을 알아 두자. 칼슘의 주요 역할 중 하나는 뼈를 건강하게 만들어 골다공증을 예방하는 것이다. 또 근육을 수축시켜 근육 경련을 예방하고 콜레스테롤을 낮춰 심혈관 질환 발생을 줄인다. 칼슘은 뼈와 치아를 구성하는 주요 무기질인 동시에 신경 전달, 혈액 응고, 근육 이완·수축 등 체내 여러 기능을 담당한다.

우리 몸속 칼슘의 99퍼센트 이상은 뼈와 치아에 들어있고 나머지는 혈액, 근육, 기타 조직에 들어있다. 성장기에 칼슘이 부족하면 뼈 형성에 나쁜 영향을 미치며 근육·신경 이상 등이 생길 수 있다. 폐경 후 여성이나 고령 남성의 경우 골다공증 위험도 커진다.

또 근육 경련이나 손발 저림, 관절염, 치아우식증 등이 나타나기도 한다. 체내에 칼슘이 오랫동안 부족하면 작은 일에도 심하게 분노하거나 우울해지는 등 감정조절이 어려워진다. 칼슘은 나트륨·칼륨과 함께 신경전달에 중요한 물질이기 때문이다. 칼슘이 뇌세포 성장과 유지에도 관여하므로 체내에 칼슘이 부족하면 기억력·인지력 저하도 함께 나타날 수 있다.

비타민 D나 비타민 K는 칼슘을 잘 흡수하도록 돕는 영양소이다. 비타민 C도 장내 환경을 산성화시켜 칼슘의 용해성을 증가시키고 흡수율을 높인다. 비타민 C가 풍부한 레몬은 칼슘 흡수율을 높이는 작용을 한다. 따라서 칼슘이 풍부한 생선이나 양배추, 브로콜리 등을 레몬과 함께 요리하면 체내 흡수를 돕는다. 비타민 C와 비타민 K가 풍부한 케일도 칼슘 흡수율을 높이는 대표적인 음식이다. 특히 비타민은 열에 약하므로 살짝 데치거나 생으로 먹어야 한다.

단백질도 칼슘과 잘 결합해 칼슘 흡수에 도움이 된다. 따라서 칼슘을 섭취하고자 할 때는 이들 영양소와 함께 섭취하는 것이 좋다. 우유, 멸치보다 칼슘이 풍부한 치즈는 달걀과 함께 먹으면 좋다. 달걀 속 단백질이 치즈 속 칼슘 흡수를 돕기 때문이다.

다음은 칼슘 흡수를 방해하는 음식도 있다. 짜게 먹는 식습관은 칼슘의 흡수를 방해하는 것으로 알려져 있다. 과다한 염분이 소변으로 배출될 때 체내 칼슘을 함께 배출시키기 때문이다. 가공식품에 많이 포함된 인산이나 탄산음료, 커피 등에 많이 함유된 카페인도 칼슘 흡수를 방해하는 것으로 알려져 주의해야 한다. 이들 성분이 다량 함유된 음식을 칼슘과 함께 섭취하거나 과다 섭취하면 칼슘 결핍 현상이 발생할 수 있어 주의해야 한다.

이와 반대로 과도한 칼슘 섭취도 오히려 부작용을 초래할 수도 있다. 예컨대 혈중 칼슘이 과다하면 혈관 긴장도가 올라가 심혈관 질환에 걸릴 위험성이 높으므로 1일 상한 섭취량인 2,500밀리그램을 지키도록 하는 것을 유념해야 한다.

식초 예찬

'샘표식품' 박승복 회장은 노환으로 2016년 94세로 별세하기까지 피부가 50대로 보일 만큼 깨끗했다. 평소에 피곤을 전혀 모르고, 약 30년간 병원에 간 적도 없고 약을 먹어본 적도 없는 건강 체질이었다.

생존 시 주량이 소주 2병, 위스키 1병, 고량주 1병이라고 소문이 났다. 그가 가장 많이 듣던 말은 "녹용이나 인삼 드세요? 무엇을 드셔서 그렇게 건강하세요?"였다. 그의 답은 늘 같았다. 아무거나 잘 먹는다. 운동도 전혀 안 한다. 골프, 등산은커녕 산책도 시간이 없어 못했다. 그는 그만큼 하루가 바빴다.

병원에 가본 기억이 약 30년 전으로 건강에 자신이 있었지만 옛날에는 그렇지 못했다. 사업상 술자리가 많다 보니 만성위염과 위궤양에 시달렸다. 1980년 일본 출장 때 함흥 상업학교 동기였던 일본인 친구가 "식초를 먹으면 숙취가 사라지고 피로도 없다."라고 알려줬다. 믿을 수가 없어서 일본 서점에 가서 식초의 효능과 복용법에 대한 책들을 사서 읽어보고 '아하, 바로 이거구나!' 했다고 전한다.

귀국한 후 식초를 마시기 시작해서 죽을 때까지 계속 마셨다. 3일을 마셨더니 변비가 없어졌다. 주위 사람들도 마시게 했더니 모두 같았다. 한 달을 꾸준히 마시니 피곤한 것을 모를 정도가 됐고, 3개월이 지나니 지긋지긋하게 따라다니던 만성위염이 감쪽같이 없어졌다.

박 회장의 식초 복용법

1회에 식초 18cc(작은 소주잔으로 1/3 정도)를 냉수에 묽게 타서 식후에 하루 3번 마신다. 즉, **54cc**를 하루에 세 번 나누어 마신다. 공복에는 속이 쓰리고 소화에 지장이 있으니 식후에 복용하는 게 좋다. 냉수 대신 저지방 우유나 토마토 주스를 타서 마셔도 좋다.

식초는 사과식초가 좋다. 너무 진한 식초는 피하되 흑초는 식초 성분이 35퍼센트뿐이므로 양을 늘려 사용하면 된다.

박 회장은 사과식초와 흑초를 즐겨 마셨다. 식초가 피부에도 좋고 흰 머리카락도 방지해 준다고 했다. 생존 시 염색을 하지 않았어도 앞머리만 약간 희었다. 그의 이런 이야기가 기사로 나간 후에 평소 알고 지내던 60~70대 사람들을 만나면 대하는 태도가 바뀌었다. 전에는 가벼운 목례만 했는데 깍듯이 90도로 허리를 굽혀 인사했다. 방송과 신문을 통해서 어르신인 것을 알았기 때문이었다. "회장님은 그렇게 나이가 많으셨어요? 제 또래로 알았습니다."라며 모두 놀랐다는 일화가 남아 있다.

'파김치'로 당뇨, 암 치료

조상들이 물려준 발효음식 중에 약성이 가장 뛰어난 것 중 하나가 쪽파김치다. 쪽파에 생강, 마늘, 가을 새우젓 등을 넣어 김치로 담가 푹 익히면 쪽파로만 담근 것보다 약성이 수백 배나 더 높아진다.

쪽파김치는 면역력을 강화하고, 염증을 삭여 주며, 혈액순환을 좋게 한다. 잘 발효된 쪽파와 마늘, 생강에 청양 고춧가루와 가을 새우젓, 토판염이 한데 어우러져 숙성되어 갖가지 난치병에 불가사의한 약효를 발휘하게 된다는 것이다.

일반적으로 대부분의 질병은 면역 이상으로 생긴다. 파김치를 잘 활용하면 감기, 식중독, 여러 감염성 질병, 염증, 암, 말기 당뇨병, 대상포진 등을 치료할 수 있다. 면역이 약해서 생긴 모든 질병과 면역 과민으로 인한 질병, 류마티스 관절염이나 근육 무력증 같은 자가면역 이상으로 인한 모든 질병도 고칠 수 있다.

면역력이 떨어져서 오는 대표적인 병이 암, 만성 간염, 당뇨병 등이다. 당뇨병이나 암은 말할 것도 없고 B형 혹은 C형 간염이든지 가릴 것 없이 잘 익은 파김치를 오래 먹으면 잘 낫는다. 특히 쪽파로 담근 김치는 췌장의 기능을 복원하는 기능이 있어 당뇨병도 근본적으로 뿌리 뽑을 수 있다.

또 파김치는 뇌신경을 강화하고 뇌에 산소와 혈액을 많이 공급하게 하는 기능이 있다. 파김치가 발효되면서 뇌세포를 복원하고 뇌세포의 활동을 활발하게 하는 초미립자의 염기성 물질이 생겨난다. 그래서 파김치를 먹으면 머리가 맑아지고 기억력이 좋아진다. 아울러 오래 먹으면 건망증이나 치매, 파킨슨병, 근육무력증 같은 병을 예방하고 치료할 수 있다.

잘 익은 파김치를 먹어 보면 온몸이 저릴 정도로 신맛이 강하다. 잘 발효되어 신맛이 강하게 나지 않는 것은 효과가 없다. 마치 손끝에서 발끝까지 온몸에 전기가 통하는 것 같은 느낌이 들 만큼, 신맛이 강하게 나는 것이라야 약으로 쓸 수 있다.

아울러 구토와 설사를 비롯한 체증과 식중독, 갖가지 소화기 계통의 질병을 치료하는 데도 탁월한 효과가 있다. 파김치를 먹으면 위장이 아주 튼튼해지고 위염, 위궤양, 식도염, 십이지장궤양, 담낭염, 췌장염 같은 질병이 잘 낫는다.

면역을 담당하는 데는 가장 기초가 되는 것이 알칼리성 물질이다. 알칼리성 물질 중에서 그 기능이 가장 좋은 것이 파김치가 익을 때 생기는 신맛에 들어 있다. 파김치와 갓김치, 무김치 등은 몸에 좋은 알칼리성 물질이 다 들어 있지만 가열하면 미생물이 죽어서 없어지고, 알칼리 물질이 다 날아가 산성으로 바뀐다.

결국 DNA를 구성하는 염기 성분의 아주 미세한 차이가 면역력을 결정한다. 핵산이 약간 산성으로 기울면 저항력이 약해지고, 알칼리성으로 기울면 면역력이 강해진다. 파김치는 조상들의 지혜가 집약된 최고의 명약으로 우리 몸의 망가진 유전자를 바로잡고 튼튼하게 하여 온갖 난치병을 치료한다. 앞으로 모든 식단에 잘 익은 파김치를 활용해 보라.

남성 갱년기 대비

대부분 '갱년기'라고 하면 여성만 겪는다고 생각하기 쉽다. 그러나 남성도 때가 되면 남성호르몬의 감소로 성욕 감퇴, 무기력 등의 증상을 느끼는 갱년기에 접어든다.

대한남성과학회에서 50대 이상 남성 2,000명을 대상으로 남성호르몬 검사를 한 결과 28.4퍼센트는 남성호르몬 '테스토스테론' 수치가 정상에 못 미치는 남성 갱년기 상태였다. 남성 50대 이상 4명 중 1명은 갱년기를 경험한다는 것이다.

보통 50대 전후의 남성들은 호르몬 감소로 무기력감, 성욕 감퇴 등의 증상을 보이는 갱년기에 접하게 된다. 일차적인 호르몬 보충요법만큼 평소 체력관리가 중요하다. 남성 갱년기란 남성호르몬이 정상치 이하로 떨어지면서 나타나는 질환이 관찰되는 경우를 말한다.

의학적으로는 '남성갱년기증후군' 혹은 '후기발현 성선기능저하증'으로 진단된다. 남성의 대표적인 성호르몬인 테스토스테론은 30대 초반에 정점에 도달한 후, 해마다 조금씩 줄어들어 75세에는 30세의 60퍼센트 정도로 감소한다.

남성 갱년기와 관련된 증상으로는 성욕감소, 발기부전과 같은 성 기능 장애가 가장 흔하다. 무기력감, 불안감, 우울감, 탈모, 안면홍조, 불면증 등도 있다. 보통 무기력감이나 불면증은 스트레스로 인한 것으로 생각하기 쉽지만, 이러한 증상은 남성이 갱년기에 겪는 대표적인 증상으로서 남성호르몬의 감소와 밀접한 관련이 있다.

개인의 건강 상태에 따라 각자가 느끼는 증상과 그 정도가 다를 수 있다. 갱년기임을 모르고 지나가는 사람도 있고, 일상생활을 하기 어려울 정도로 힘들어하는 사람도 있다. 하지만 남성 갱년기에 대한 이해 부족으로 이와 관련된 문제를 치료하기 위해 병원에 방문하는 환자는 전체의 10퍼센트 미만에 불과하다.

일차적 치료는 알약이나 주사를 사용해 남성호르몬을 보충하는 것이다. 남성 갱년기 증상을 보일 때는 전문의를 찾아 개인별 맞춤식 호르몬 보충요법을 처방받아야 한다. 위장장애가 있는 남성은 주사를 맞는 편이 좋다. 하지만 남성호르몬 약물치료는 부작용을 보이는 경우도 있으므로 주의해야 한다. 전립선암 위험이 있거나, 전립선비대증이 심한 환자는 전문의의 판단에 따라 남성호르몬 약물치료를 받도록 해야 한다.

일차적 치료법인 남성호르몬 보충요법은 장기간에 걸쳐 받으면 고환에서 남성호르몬을 직접 생성하는 기능이 떨어질 수 있으므로 6~12개월이 적당하다. 요컨대 호르몬치료뿐만 아니라 운동, 식사조절, 금연, 절주와 같이 평소 자기관리도 필수적이다. 갱년기는 노화의 한 부분이므로 완치 개념이 아니라 얼마나 자기관리를 잘하느냐에 달려 있다.

우선 일주일에 30분씩 3회 이상 규칙적인 운동이 가장 좋다. 기름기가 많은 음식, 과식을 피하고 식단을 균형 있게 맞추되 고등어와 같은 등푸른 생선을 많이 섭취하는 것이 좋다. 아울러 성에 대한 지속적인 관심과 더불어 건전한 성생활도 유지해야 한다. 특히 과도한 알코올 섭취를 피하는 것이 좋고 담배는 반드시 끊는 것이 좋다.

신중년 건강, '웰스'보다 '헬스'

2017년에 우리나라는 UN에서 정의한 '고령사회'로 진입했다. 2000년에 65세 이상 인구가 전체 인구의 7퍼센트를 넘어서 '고령화사회'에 들어섰고, 불과 17년 만에 14퍼센트에 달하는 '고령사회'에 진입한 것이다. 프랑스가 115년, 미국이 73년, 이웃 일본이 24년 만에 고령사회에 진입한 것을 감안하면 우리나라의 속도는 빨라도 너무 빠른 상황이다.

일본의 경우 독거노인 600만 명 중 200만 명은 '노후파산' 상태로 특히 의료, 간병서비스 이용도 어려운 '헬스푸어' 상황이라 한다. 우리나라 고령화 속도를 감안할 때 '노후파산'이 더 이상 남의 일일 수만은 없다. 일본의 선례를 타산지석으로 삼아야 한다.

국민건강보험에 의하면 우리나라 65세 이상 1인당 월평균 진료비는 30만여 원으로 전체 평균(1인당 월평균 진료비 9만 9,315원)과 비교하면 3배 이상이다. 생애주기에 따른 노년기 후기 보건의료비 지출은 전체 소비 지출의 15.5퍼센트까지 상승한다. 소득이 급격히 낮아지는 노년기의 의료비 지출에 미리 대비해야 한다.

우리나라는 연령이 높아질수록 가계자산의 부동산 편중이 심각하다. 통계청에 따르면 우리나라 60대의 자산 구성은 부동산 78.4퍼센트, 부채를 제외한 순금융자산은 1,717만 원에 불과하다. 부동산은 주식, 채권 등 금융자산과 달리 쉽게 현금으로 바꾸기가 매우 어렵다. 부동산에만 자산이 집중되다 보니 노후 '캐시푸어'로 충분한 유동성과 현금이 부족한 상태가 우려된다. 따라서 사실 '노후파산' 위험이 매우 크다고 볼 수 있다.

주택연금은 자신이 가진 집을 담보로 일정 금액을 매월 받는 역모기지 대출상품이다. 한국주택금융공사에 따르면 주택연금 가입자의 평균 주택가격은 2억 8,000만 원이고, 평균 월 지급금은 100만 원 정도다. 20년을 불입한 국민연금 가입자의 월평균 수령액이 80만여 원인 것과 비교하면 주택연금은 노후에 현금을 확보하는 매력적인 대안이 될 수 있다.

가장의 책임이 큰 시기에는 경제적 활동의 보장이 매우 중요하다. 하지만 은퇴 이후에는 건강에 대한 보장이 상대적으로 중요해진다. 특히 60대 이후부터는 큰돈 들어가는 중대한 질병과 같은 비급여 의료비 보장 중심의 위험관리 리모델링이 필요한 시점이다. '웰스'에서 '헬스'로 위험관리 목표를 반드시 바꾸라.

다리가 튼튼해야 장수

옛말에 "인노퇴선쇠人老腿先衰"라는 말이 있다. "사람은 다리가 먼저 늙는다."는 의미이다. 사람이 늙어가면서 대뇌에서 다리로 내려 보내는 명령이 정확하게 전달되지 않고 전달 속도도 현저하게 낮아진다. '진시황' 때부터 1911년 청나라의 마지막 황제 '부의'까지 2,100여 년 동안 335명의 황제가 있었는데 그들의 평균 수명은 고작 41살에 지나지 않는다. 우리나라의 임금 수명도 중국의 황제보다 더 낫지 않다.

조선시대 27명의 임금은 평균 수명이 37살이고, 고려의 임금 34명의 평균 수명은 42살이며, 고려 귀족의 평균 수명은 39살이다. 하물며 이런데 어떻게 해야 병 없이 오래 살 수 있을까. 불로장생의 비결은 선단仙丹과 선약, 산삼이나 웅담, 녹용 같은 값비싼 보약에 있는 것이 아니다. 예로부터 민간에 전해 오는 속담에 다리가 튼튼해야 장수한다는 말이 있다.

사람은 다리가 튼튼하면 병 없이 오래 살 수 있다. 사람의 다리는 어쩌면 기계의 엔진과 같다. 엔진이 망가지면 자동차가 굴러갈 수 없는 것은 자명한 이치다. 사람이 늙으면서 가장 걱정해야 하는 것은 머리카락이 희어지는 것도 아니고 피부가 늘어져서 쭈글쭈글해지는 것도 아니다. 다리와 무릎이 불편하여 거동이 어려워지는 것을 제일 경계해야 한다.

최근 미국에서 발행하는 잡지에 장수하는 사람의 전체적인 특징은 다리근육에 힘이 있는 것이라고 정의했다. 장수하는 노인들은 걸음걸이가 바르고 바람처럼 가볍게 걷는 특징이 있다. 두 다리가 튼튼하면 백 살이 넘어도 건강하다는 것이다. 두 다리는 몸무게를 지탱하는데 고층 건물의 기둥이나 벽체와 같다. 사람의 전체 골격과 근육의 절반은 두 다리에 있으며 일생 동안 소모하는 에너지의 70퍼센트를 두 다리에서 소모하게 된다. 사람의 몸에서 가장 큰 관절과 뼈는 다리에 모여 있기 때문이다.

예컨대 젊은 사람의 대퇴골은 승용차 한 대의 무게를 지탱할 수 있는 힘이 있으며 슬개골은 자기 몸무게의 9배를 지탱할 수 있는 힘이 있다. 대퇴부와 종아리 근육은 땅의 인력과 맞서 싸우고 있으며 늘 긴장상태에 있으므로 견실한 골격과 강인한 근육, 부드럽고 매끄러운 관절은 인체의 '철의 삼각'을 형성하여 중량을 지탱하게 된다.

결국 두 다리는 사람의 교통수단이다. 다리에는 온몸에 있는 신경과 혈관의 절반이 모여 있으며 온몸에 있는 혈액의 절반이 흐르고 있다. 그러므로 두 정강이가 튼튼하면 경락이 잘 통하여 뇌와 심장과 소화계통 등을 비롯하여 각 기관에 기와 혈이 잘 통하게 된다. 특히 넓적다리의 근육이 강한 사람은 틀림없이 심장이 튼튼하고 뇌기능이 명석한 사람이다. 미국의 학자는 걷는 모습을 보면 그 사람의 건강상태를 가늠할 수 있다고 했다.

70살이 넘은 노인들이 한 번에 쉬지 않고 400미터를 걸을 수 있으면 그렇지 못한 또래의 노인들보다 6년 이상 더 오래 살 수 있다고 한다. 노인들이 멀리 걷고 걷는 속도가 빠르며 바람과 같이 가볍게 걸으면 건강하게 오래 살 수 있다. 미국 정부의 노년문제전문연구학자 '사치Schach' 박사는 "20살이 넘어서 운동을 하지 않으면 10년마다 근육이 5퍼센트씩 사라지며 뼈 속의 철근이라고 부르는 칼슘이 차츰 빠져나가고 고관절과 무릎관절에 탈이 나기 시작한다."고 했다.

그로 인해 부딪히거나 넘어지면 뼈가 잘 부러진다. 노인들의 뼈가 잘 부러지는 가장 큰 이유는 고골두가 괴사하는 것이다. 역시 통계에 따르면 고관절이 골절된 뒤에 15퍼센트의 환자가 1년 안에 죽는 것으로 나타났다. 그렇다면 어떻게 해야 다리를 튼튼하게 할 수 있는가. 해답은 쇠에서 찾을 수 있다. 쇠는 단련해야만 강해진다.

쇠붙이를 불에 달구어 망치로 두들겨서 단단하게 하는 것을 단련이라고 한다.

연철은 단련하지 않으면 강철이 되지 않는다. 칼을 만드는 장인이 무른 쇳덩어리를 불에 달구어 수십만 번을 망치로 두들겨야 비로소 명검을 만들 수 있다. 사람의 다리도 마찬가지 원리인 것이다.

따라서 무조건 단련해야 한다. 다리를 단련하는 가장 좋은 방법은 걷는 것이다. 다리는 걷는 것이 임무다. 다리를 힘들게 하고 피곤하게 하고 열심히 일하게 하는 것이 단련이다. 다리를 강하게 하려면 걷고 또 걸어야 한다. 요컨대 50대에는 하루에 한 시간씩 걷고 60대에는 하루에 두 시간씩 걸으며, 70대부터는 하루에 세 시간 이상을 걸으라고 주문한다. 다리를 꾸준히 단련하여 무병장수의 기틀을 마련해 보라.

근육 키우려면 '식후 운동'

운동은 살을 빼거나 근육을 늘리기 위해 하는 경우가 많다. 그러나 이런 목표를 달성하기 위해서는 식사 시기도 신경을 써야 한다. 다이어트나 근육 생성 목적에 따라 운동 전에 식사를 해야 할 때가 있고, 운동 후에 식사를 해야 할 때가 있기 때문이다.

먼저 체중은 적당한데 근육량이 적어서 근육량을 늘리기 위해 운동한다면 운동 전 탄수화물과 단백질이 풍부한 식사를 하는 것이 좋다. 허기지지 않아야 운동 시 오히려 근육이 빠지는 사태를 막을 수 있기 때문이다. 삼성서울병원 '라미용' 임상영양파트장은 "운동 시 몸속 탄수화물이 충분하면 탄수화물을 에너지원으로 쓸 수 있다. 탄수화물이 고갈되면 오히려 근육의 단백질을 빼서 에너지원으로 사용하므로 공복에 운동하면 근육이 빠질 수 있다."고 경고했다.

운동 전 단백질 섭취는 운동 효과를 크게 증진시킬 수 있기 때문이다. 또 "웨이트트레이닝 등을 하면 운동 중이나 운동 후에 근육세포가 분해되고 다시 만들어지면서 근육이 늘어난다. 단백질은 근육세포를 재생하는 데 필요한 영양소이기 때문에 운동 전 몸속에 충분하도록 만들면 근육이 잘 만들어 진다."고도 했다.

따라서 운동 2~3시간 전에 탄수화물과 단백질이 충분한 식사를 하는 것이 좋다. 이때 탄수화물은 잡곡밥이나 잡곡빵 등이 좋고, 단백질은 닭가슴살 같은 살코기, 달걀 등이 좋을 것이다. 그러나 과체중이거나 비만이라서 체중을 줄이고 싶다면 공복에 운동을 하고, 운동 후 식사를 하는 것이 좋다. 한국스포츠개발원 민석기 선임연구원은 "공복에는 저혈당 상태이기 때문에 이때 운동을 하면 탄수화물로 구성된 혈당을 이용하지 않고 체지방을 에너지원으로 삼는 비율이 높아진다."고 했다.

요컨대 식사 전 운동과 식사 후 운동을 한 뒤 지방 연소량을 측정했더니 식사 전에 하는 운동이 식후 운동보다 평균 33퍼센트 더 지방을 태웠다는 영국 '글래스고'대 연구 결과가 있다. 기상 직후처럼 공복인 상태에서 걷기 같은 약한 강도의 운동을 30분 이상 하는 것이 좋다. 단 당뇨병·고혈압 등 만성질환자는 주의해야 한다.

한편 운동이 끝난 직후에는 배고픔이 심하므로 과식 예방을 위해 과일·채소 한 접시나 과일주스 1컵을 먹는다. 그리고 1~2시간 뒤 일반적인 식사를 하면 된다. 민석기 연구원은 "운동 직후에는 신진대사가 활발한 상태라 조금만 먹어도 효율적으로 쓰이고 지방 축적도 잘 된다."라고 했다. 운동 후 시간이 지날수록 신진대사율이 낮아지며 열량 흡수율도 낮아지므로 기다렸다가 식사하는 것이 좋다고 한다.

탄수화물 '부족하면 더 큰 문제'

통상 체중과 키의 관계를 계산해 비만도를 측정하는 체질량지수BMI가 있다. 보통 25~30이면 비만, 30 이상이면 고도비만이라고 판단한다. 비만과 직결되는 영양소는 탄수화물이다. 과다하게 섭취하면 배출되지 않고 몸속에 저장되는 영양소라서 그렇다. 특히 탄수화물이 몸에 들어오면 위에서 포도당으로 분해되어 혈액 속으로 들어온다. 췌장을 거치면서 포도당을 세포로 보내 에너지원으로 전환된다. 남은 양은 간과 근육에 '글리코겐' 형태로 저장되고, 점차 시간이 흘러서 지방으로 전환된다.

보통 일일 탄수화물 섭취량은 총열량의 50~60퍼센트로 이를 무게로 계산하면 300~400그램 정도가 된다. 그런데 매일 권장량 이상으로 탄수화물을 먹으면 혈액 속에 중성지방이 증가하고 오랫동안 방치하면 중풍과 같은 뇌혈관 질환과 심근경색, 협심증 등의 심혈관 질환이 발생한다. 여기까지는 우리가 일반적으로 알고 있는 부분이다.

그런데 이와 반대의 개념도 있다. '탄수화물 결핍증'이다. 탄수화물이 부족하면 우리 몸은 체내 에너지원의 부족으로 인해 미리 저장되어 있던 지방을 대체 에너지로 사용하게 된다. 이러한 원리를 활용하여 탄수화물 섭취를 제한하는 식단을 통해 체중 감량에 성공했다고 주장하는 사람도 있다.

그러나 중요한 것은 체내 탄수화물이 부족할 경우 장·단기적으로 심각한 건강 장애를 일으킬 수 있다. 가장 먼저 저혈당 증상이 찾아오는데, 저혈당은 활력 저하, 정신기능의 지체, 피로감 호소, 수면 부족, 신경과민, 불쾌감 등을 일으킨다. 또 지속될수록 우리 몸은 지방뿐 아니라 근육을 에너지원으로 활용해 근筋 손실이 일어나며 심각할 경우 일상생활에 어려움을 겪을 수 있다.

그렇다면 일일 최소 탄수화물 섭취량은 얼마일까? 최소 100그램 정도의 탄수화물은 섭취해야 한다. 다양한 탄수화물 식품 중 하루 서너 가지 정도를 선택하여 400킬로칼로리만큼 섭취하되 흰 빵, 밀가루, 떡, 과자 등 정제된 탄수화물은 혈당을 급격하게 높이므로 가급적 피해야 한다. 추천하는 탄수화물 식품으로는 밥 3분의 1공기(70g), 식빵 1장(35g), 감자 1개(140g), 인절미 3쪽(50g) 등이 있다.

요컨대 탄수화물에 큰 거부감을 가진 체중 감량자가 많은데 그것은 잘못 아는 경우이다. 탄수화물은 우리 몸에 꼭 필요한 영양소로 건강하고 똑똑하게 먹는 방법을 통해 건강을 지키면서 체중을 줄여가길 추천한다. 체중을 줄이려면 무작정 탄수화물을 미워하지 말고 적절히 챙기는 편이 낫다. 잘 모르면서 편식이나 절식에 치중할 것이 아니라, 오히려 균형 잡힌 식사를 함이 훨씬 도움이 될 것이다.

'가을 사과' 5대 효과

사과는 그냥 먹기도 하고 잼이나 주스 등 다양한 형태로 가공해 섭취하는 등 누구에게나 친숙한 과일이다. 붉은빛이 도는 사과는 열을 가해 익혀서 먹으면 더 큰 효과를 볼 수 있다. 특히 가을 사과의 효과는 매우 크다고 한다.

전문가들은 이렇게 강조한다.

"사과를 삶거나 굽는 조리법은 옛날부터 있어왔던 것으로 열로 익혀서 주스를 만들어 먹으면 소화기능이 촉진된다. 하지만 한꺼번에 너무 많은 양을 먹으면 오히려 위에 무리가 갈 수 있으므로 하루에 사과 반 개 정도인 200그램을 먹는 것이 가장 적당하다."

또 사과가 좋다고 아무 때나 먹으면 안 된다. 사과주스를 물처럼 마시면서 약과 함께 먹는 것도 삼가해야 한다. 사과주스는 약의 흡수를 막아 약효를 떨어뜨릴 수 있기 때문이다. 캐나다 온타리오대학교 연구팀에 따르면 사과주스와 일부 알레르기약, 항생제, 고혈압약 등을 함께 먹으면 약효가 떨어질 수 있다고 했다.

유방암, 대장암 예방 효과

사과에 들어 있는 식이섬유인 '펙틴'은 대장암을 예방하는 유익한 지방산을 증가시키고 붉은색 사과에 풍부한 '폴리페놀' 성분은 대장 내에 머무는 동안 장 내의 항암물질 생산을 돕는다. 또 유방암도 예방해 준다. 미국 코넬대학교 연구팀은 실험용 쥐를 두 그룹으로 나눠 한 그룹에는 사과 추출물을 먹이고, 다른 그룹에는 먹이지 않았다. 그랬더니 사과 추출물을 먹지 않은 쥐의 81퍼센트에선 치명적 유방암인 선암이 발생했지만, 사과 추출물을 먹인 쥐에서는 선암 발생 빈도가 현저하게 낮아졌다.

변비 해결 효과

변이 대장에 오래 머물러 있으면 수분이 빠져 변은 더 단단해지고 작아져 변비가 심해진다. 변비약은 내성이 생기므로 변비약보다는 신체활동으로 장운동을 촉진시키거나 음식으로 배변을 유도하는 것이 좋다. 사과의 펙틴 성분은 식이섬유의 하나이다. 식이섬유는 고기를 먹을 때 증가하는 지방질을 빨아들여 변을 통해 몸 밖으로 배출하는 기능을 한다. 장운동이 활발한 아침 식전에 사과를 먹으면 심한 변비뿐 아니라 설사에도 효과적이다.

다이어트 효과

식사 15분 전에 사과 한 개를 씹어 먹으면 살을 빼는 데도 도움이 된다. 보통 후식으로 먹는 과일을 식사 전에 먹으면 포만감을 줘서 밥을 덜 먹게 된다. 미국 펜실베이니아주립대학교 연구팀은 사과를 어떤 형태로 먹어야 포만감과 에너지 섭취율이 달라지는지를 연구했다. 연구팀은 식사 전 사과 한 개를 씹어 먹는 그룹, 사과 소스를 먹는 그룹, 사과 주스를 마신 그룹으로 나누어 포만감과 식욕, 체중의 변화를 관찰했다. 그 결과 사과를 씹어 먹은 그룹에서 칼로리 섭취가 15퍼센트 정도 줄어든 것으로 나타났다.

뽀얀 피부 만들기 효과

사과는 노화를 방지하며 하얗고 뽀얀 피부를 만들어 주는 성분인 '폴리페놀' 성분을 많이 함유하고 있다. 영국 식품연구소 연구팀은 폴리페놀 성분을 따로 추출할 수 없는 과일인 사과, 복숭아, 천도복숭아를 분석한 결과 폴리페놀 성분을 추출할 수 있는 포도 같은 과일보다 최고 5배까지 더 많은 폴리페놀을 함유하고 있음을 발견했다.

태아 천식 예방 효과

임신 중에 과일을 많이 먹으면 뱃속 아이가 출산 후 천식에 덜 걸린다. 영국 애버딘대학교 연구팀에 따르면 5세 이상의 자녀를 둔 여성 2,000명의 식습관과 자녀들의 건강 상태를 조사한 결과 매주 4~5개의 사과를 먹은 여성의 자녀가 매주 1개 이하로 사과를 먹은 여성의 자녀보다 천식 유병률이 50퍼센트 정도 낮았다.

요컨대 우리가 하는 말 중에 '식보'라는 말이 있다. 먹거리가 보약이 된다는 의미이다. 서양에서는 사과를 꾸준히 먹으면 병원이 망한다는 속설이 있을 정도이다. 우리가 일상에서 사과를 챙겨 먹는 것이 이렇게 다양한 효과가 있는 줄은 몰랐다. 그렇다고 사과만 섭취하는 것은 아니고 제철 과일도 꾸준히 챙기는 습관이 더욱 유익하다.

당뇨 식단 관리

당뇨병 환자가 외식을 할 때는 곡류, 어육류, 채소 등이 골고루 들어간 메뉴를 적당량 먹어야 한다. 한식 메뉴로는 비빔밥·쌈밥을 추천한다. 당뇨병 환자는 항상 어떤 음식을 먹을까 고민해야 한다. 하루 세끼 집에서 차린 음식을 먹는다면 큰 걱정이 없겠지만 어쩔 수 없이 외식을 해야 할 때가 많기 때문이다.

단국대학교 식품영양학과 주세영 교수팀이 최근 국민건강영양조사를 분석한 결과 국내 성인의 하루 평균 외식 횟수는 0.9회였다. 세끼 중 한 끼는 외식을 하는 셈이다. 외식을 하면 더 많은 양의 열량·지방·나트륨을 섭취하게 되는데 특히 지방 섭취량은 26퍼센트, 나트륨 섭취량은 24퍼센트 증가했다.

강북삼성병원 당뇨전문센터 최진선 영양사는 "당뇨병 환자는 가급적 외식 횟수를 줄이는 것이 좋지만 어쩔 수 없이 외식을 해야 한다면 건강에 이로운 메뉴를 선택하거나 양을 줄여 먹어야 한다"고 했다. 식당별로 유념할 내용을 알아둘 필요가 있다.

한식당에서 백반을 먹을 때는 열량이 낮은 채소 반찬 위주로 먹되, 국이나 찌개는 나트륨이 많으므로 건더기만 먹는 게 좋다. 설렁탕·갈비탕의 단품 메뉴는 밥을 적게 먹는 것이 좋다. 당면이나 국수사리가 들어있어 탄수화물을 많이 섭취할 수 있기 때문이다. 냉면·칼국수 역시 면을 줄여서 먹고, 무채·오이채 등의 채소를 더 요청해서 먹는 것이 좋다.

일식 초밥에는 생각보다 많은 양의 밥이 들어있다. 초밥 2~3개에는 밥 3분의 1 공기가 들어있으므로 밥을 덜 먹도록 잘 조절해서 먹어야 한다. 생선회를 먹을 때는 어육류만 과식할 수 있다. 항상 채소를 함께 섭취하고 밥이나 우동 같은 곡류군도 알맞게 섭취해 균형을 맞추는 것이 좋다. 돈가스는 튀긴 음식이므로 지방 함량이 많아 먹고 난 후 다른 끼니의 지방 섭취를 줄여야 한다. 정식의 경우 밥과 미니 우동이 포함되는데 탄수화물 섭취가 과다해지므로 조금 남기는 게 좋다. 샐러드 소스와 돈가스 소스는 뿌려먹지 말고 가능한 한 따로 담아 소량씩 찍어 먹는 것이 좋다. 특히 회덮밥과 샤브샤브는 곡류군, 어육류군, 채소군 등 균형 잡힌 식사를 할 수 있어 좋다.

양식 스테이크는 등심보다는 안심이 지방이 적으므로 좋다. 강남세브란스병원 김형미 영양팀장은 "스테이크 양이 육류군의 한 끼 적정량인 80그램보다 많으므로 3분의 1 정도는 덜 먹는 것이 좋다."라고 했다. 부족한 채소군은 샐러드를 통해 보충하면 된다.

빵은 버터나 잼을 바르지 않고 그대로 먹는다. 스파게티는 탄수화물이 많고 채소군과 어육류군이 부족하므로 닭 가슴살, 계란, 치즈 등 단백질이 들어있는 샐러드를 함께 섭취하는 것이 좋다. 카레라이스에는 밥 이외에도 감자, 카레 가루, 전분 등에 탄수화물이 포함돼 있으므로 평소보다 밥을 줄여 먹어야 할 것이다.

중식은 칼로리가 높고 기름기가 많으며 나트륨 함량이 높아 당뇨병 환자가 먹지 않는 것이 좋다. 최진선 영양사는 "그나마 짜장면, 짬뽕, 볶음밥 중에서 가장 추천할 만한 것은 채소와 해산물이 풍부한 짬뽕"이라며 "짬뽕을 먹을 때도 채소나 해산물을 먼저 건져 먹고 면과 국물은 덜 먹을 것"을 권한다. 탕수육에는 지방이 많고, 소스는 설탕으로 인해 혈당이 빠르게 상승하므로 소스는 따로 담아 조금만 찍어 먹는 게 좋다. 단무지는 나트륨이 비교적 많다. 단무지보다는 양파를 곁들여 먹는 것이 상대적으로 좋다.

당뇨 식사 3원칙

당뇨병 환자인 주부 정모(57) 씨는 건강 정보 TV 프로그램을 보다가 '당뇨병 환자에게 좋은 식품'이라는 이야기만 나오면 그 후로 몇 달간 해당 식품만 챙겨 먹었다. 얼마 전에는 '과일은 당이 많아 당뇨병 환자에게 독'이라는 이야기를 듣고 좋아하던 과일을 입에도 대지 않았다. 하지만 정기검진 때마다 의사는 정씨에게 혈당 조절이 잘 되지 않는다고 했다.

10년째 당뇨병을 앓고 있는 교사 최모(55) 씨는 채소 위주의 식습관이 혈당 관리에 좋다는 말을 듣고 최근 채식을 시작했다. 그러나 얼마 전부터 충분히 잠을 자도 몰려오는 피로감에 주치의를 찾았다. 의사는 "단백질 섭취를 극도로 줄여 부작용이 나타난 것."이라고 했다.

대한당뇨병학회 김대중 홍보이사는 "당뇨병 환자들은 보통 무엇을 먹을 것인가에만 신경 쓰다가 오히려 영양 불균형에 빠지거나 혈당이 제대로 조절되지 않는 경우가 많다."고 했다. 당뇨병 환자 중 상당수는 당뇨병 식단 차리기를 어렵게 생각해 쉽게 포기하는 경우가 많다. 당뇨병 식사요법의 기본 원칙은 '골고루·적당히·규칙적으로' 식사를 하는 것이라고 강조한다.

정씨나 최씨처럼 당뇨병 환자들이 식사요법에 어려움을 겪는 이유는 당뇨병 식단은 차리기 어렵다는 편견과 당뇨병에 특효인 식품만 먹으면 된다고 생각하기 때문이다. 그래서 당뇨병 환자의 대부분이 제대로 된 식사요법을 실천하지 않고 있다. 삼성서울병원 당뇨병센터에서 당뇨병 환자 1,466명을 대상으로 조사한 결과 76.2퍼센트가 영양이 불균형한 식사를 하고 있었다.

또 식사요법을 실천하지 않아도 약만 먹으면 문제가 없다고 안심하는 환자도 많다. 대한영양사협회 조영연 부회장은 "실제로 환자들은 식사량만 줄여서 먹으면 된다고 생각하거나 약을 제대로 먹는데 왜 식품까지 신경 써야 하냐고 반문하는 경우가 많다. 남성들의 경우 식단은 여자들이 신경 쓰는 일이라며 실천 의지가 없는 환자도 꽤 많다."라고 했다.

이런 이유로 당뇨병 환자의 혈당 조절률은 25.3퍼센트에 그치고 있다. 조영연 부회장은 "당뇨병 환자를 대상으로 영양 교육이 제대로 이뤄지지 않는 것도 문제"라고 했다. 대학병원의 경우 영양사와 전문 간호사가 환자의 식단을 평가하고 식단을 계획·관리해 주는 영양 상담 프로그램을 갖추고 있다. 하지만 영양 상담을 위해 환자들이 1회에 5만~7만 원 정도의 비용을 지불해야 하기 때문에 경제적 부담이 있고, 의원의 경우는 영양사가 없어 환자들이 영양 상담을 받지 못하는 경우가 대다수이다.

결국 당뇨병 환자가 혈당 관리를 하는 데 식사요법은 약만큼이나 중요하다. 식사요법을 제대로 하기 위해서는 앞서 제시한 세 원칙을 기억하면 되겠다. '골고루·적당히·규칙적으로' 먹는 것이다. 곡류, 어육류, 채소, 지방 등 6가지 식품군을 자신의 체중과 활동량에 따라 권장 섭취량에 맞춰 먹으면 된다.

권장 섭취량을 딱 맞추기 어렵다면 배가 80퍼센트만 부른 정도로, 정해진 시간에 규칙적으로 먹어야 한다.

당뇨 환자 당류섭취 줄여야

당뇨병 환자가 특히 조심해야 하는 것은 바로 당의 섭취이다. 가공식품에는 당이 많이 들어있으므로 당뇨병 환자는 가급적 안 먹는 것이 좋다. 가공식품을 먹는다면 제품 뒷면 영양표시에서 당 함량을 확인해 하루 50그램이 넘지 않도록 해야 한다. 당을 12그램 줄이면 혈당이 40~50이 떨어진다고 한다.

또 가공식품으로부터 당류를 하루 열량의 10퍼센트 이상 섭취한 그룹이 그렇지 않은 그룹보다 당뇨병 발생 위험이 41퍼센트, 비만은 39퍼센트, 고혈압은 66퍼센트 높다고 한다. 이를 바탕으로 식품의약품안전처는 가공식품을 통한 당류 섭취량을 하루 총 섭취 열량의 10퍼센트 이내로 낮출 것을 권하고 있다. 예컨대 하루에 총 2,000킬로칼로리를 섭취하는 성인의 경우 200킬로칼로리 정도를 당으로 섭취해야 한다. 이를 당으로 환산하면 50그램이다. 그러나 50그램의 당은 생각보다 적다. 주스 한 두 병만 마셔도 권고량을 훌쩍 넘긴다.

예를 들어 '상큼한 딸기샌드케익'(26g)과 '미닛 메이드 오리지널 오렌지 100'(36g)은 권고량을 12그램이나 넘어선다. 당류 함량은 제품 뒷면 영양표시에 나와 있으므로 이를 확인하고 섭취하는 것이 바람직하다.

한국인의 당류 급원 식품 1위는 음료류로, 전체 섭취 당의 31.1퍼센트를 음료로부터 섭취하고 있다고 한다. 일상생활에서 피로회복제나 청량음료로 쉽게 섭취하는 음료류가 가장 큰 적인 셈이다. 따라서 당뇨환자들은 생활 속에서 우선적으로 삼가야 하는 식품이 무엇인가를 인식하고 멀리하는 습관을 들여야 할 것이다.

한 달에 12번 사랑하라

파리대학병원 심장전문의 '프리데리크 살드만'은 "프랑스 사람이 미국 사람보다 심혈관 질환을 덜 앓는 이유는 와인, 초콜릿 그리고 사랑 덕분이다."라고 했다. 그는 병원과 약에 대한 맹신도 경계했다. 약이 오히려 또 다른 병을 유발할 수 있음을 경고했다. 그는 의사이지만 선택의 여지가 없을 때만 약을 처방하는데 가장 좋은 약은 우리 몸 그 자체라고 한다. 여기서 현대 의학과 병행하는 또 다른 축인 자연적 치유영역을 잠시 소개한다.

특히 살드만은 성생활은 건강과 직결된다고 했다. 한 달에 최소한 12번의 사랑(섹스)을 하면 심혈관 질환이 절반으로 줄고, 유방암에 걸릴 확률도 줄어들며 10년 이상 기대수명이 연장된다. 이것은 300만 명을 대상으로 조사한 연구 결과임을 덧붙였다. 너무 잦은 것이 아니냐는 질문에 고개를 저었다. 오래 해야 만족도가 높다는 선입견을 버려야 하며, 3~7분 이내에도 만족감을 느낄 수 있고 키스 행위는 웰빙의 최대 연금술이라고 했다.

또 새로운 사람을 만나고 새로운 언어를 배우며, 새로운 곳으로 여행을 떠나라. 성생활만큼이나 뇌운동도 중요하다. 방학이나 휴가 동안 사람 IQ가 20퍼센트 감소된다. 일선에서 일찍 은퇴할수록 알츠하이머에 걸릴 확률이 높다. 움직이지 않는 것, 똑같은 일을 반복하는 것이 뇌에는 가장 나쁘다고 한다. 아인슈타인에 의하면 인생은 자전거 타기와 같다고 한다. 멈추는 순간 넘어진다는 것이다.

몸의 치유력을 되찾으려면 과체중부터 줄여야 한다. 운동은 양치질하

듯 매일 30분 이상을 해야 한다. 주말에만 운동하는 것은 주말에만 이를 닦는 것과 마찬가지여서 아니라는 것이다. 살드만은 간헐적인 단식도 적극 권장했다. 예컨대 16~24시간 동안 물만 마시면서 공복을 유지하거나 하루 한 끼만 먹을 것도 권장하고 있다.

잠을 잘 자는 것도 당연히 몸의 면역을 높인다. 하루 7시간 이하의 수면은 안 좋다. 베개는 2년에 한 번씩 갈아야 한다. 베개가 점점 무거워지는 것은 죽은 진드기 때문이다. 그 외에도 매일 아침 사과 한 개를 먹는 게 좋다. 차를 너무 뜨겁게 마시면 암을 유발하며 탄 음식을 3센티만 먹어도 담배 200개비를 피운 것과 같다고 한다.

결국 살드만이 강조하는 핵심은 내 몸 안에 '자연적인 치유력'을 높여야 한다는 것이다.

4

웰에이징

70대는 결코 삶의 초라한 쇠퇴기가 아니다. 죽음까지 맞이할 준비를 해 갈 만큼 심적인 여유가 있다. 어쩌면 하루하루를 더 충실하게 인생을 살아갈 수도 있다. 나이는 어쩌면 숫자에 불과하다. 어떤 마음으로 세상을 접하고 살아가느냐가 관건이다. 뜨거운 열정을 가지고 새롭게 도전하는 이상 노인이 아니다. 열정을 갖고 소명을 구현하며 사는 노년은 아름답다.

'멋있게 늙는' 9가지 원칙

마지막 한 조각만 남은 젊음에 매달려 사는 것만큼 매력 없는 모습도 없다. 늙음을 자연스레 받아들이는 게 더 멋있다. 신중년 중 가장 멋있다고 하는 '조지 클루니'도 생일 케이크에 초가 하나씩 늘어나는 걸 겸허히 받아들여야 한다고 했다. 최근에 이런 인터뷰를 했다.

"나는 젊어 보이려고 노력할 수는 없다는 사실을 굳게 믿는다. 지금 나이에서 최고의 모습으로 보이려고 노력해야 한다."

그는 흰 머리도 염색하지 않는다.

멋있게 늙는 사람들에게는 공통점이 있는데 이를 소개한다.

마른 몸이 아니라 강한 몸을 위해 운동한다

심근 강화 운동도 좋지만 근력 운동은 필수이다. 나이 들면서는 더욱 그렇다. 30대부터 이미 우리는 근육량이 줄어들기 시작한다. 근육은 유지하고 키우지 않으면 10년 안에 최고 5퍼센트까지 줄어든다. 내과 전문의 '켄 킴'에 의하면 45세 이후로 우리는 매년 1퍼센트씩을 잃는다고 한다. 근육을 키우는 근력 운동은 그걸 보충해 줄뿐더러 나이 들면서도 강하고 독립적으로 일상생활을 지속할 수 있게 해준다.

스트레스를 덜 받는다

일이나 사회활동에서 오는 스트레스는 세포 단계의 노화를 부를 수 있다는 연구가 아주 많다. 심지어 10년은 더 빨리 늙게 할 수 있다고도 한다. 스트레스가 외모에 미치는 영향은 잠을 설쳐 생기는 다크 서클, 피부 건조, 심하면 탈모에까지 이른다. 그러니 잠시라도 여유를 갖고 부단히 늙음을 즐겨야 한다.

후회와 원한을 버린다

과거만 계속 돌아봐서는 미래로 나아갈 수 없다. 실수를 머릿속에서 재생하지 말고 실수에서 교훈을 얻어라. 선禪불교 경구처럼 "놔주거나 끌려가거나" 둘 중의 하나가 필요하다. 아침마다 명상을 하고 커피 한 잔과 마음 챙김으로 현재를 즐겨야 한다.

매일 새로운 것을 배운다

나이가 들어도 새로운 것을 충분히 배울 수 있다. 호기심을 유지하라. 다른 일도 시도하라. 그러면 단조로운 루틴에서 벗어나고 새로움을 얻을 수 있다. 새로운 것을 배우면 자신감이 생긴다. 한 연구에 의하면 3개월 동안 새로운 활동을 한 노인들은 익숙한 행동만 한 노인들보다 기억력이 상당히 향상되었다고 한다.

메이크업을 과하게 하지 않는다

옷을 잘 차려입고 메이크업을 조금 하는 것은 아주 좋다. 당신이 가진 것을 살려내야지, 당신 마음에 들지 않는 것을 가리려고 파운데이션을 여러 겹 바르지 않는다. 메이크업을 너무 많이 하면 가면 같고 부자연스러워 보이며, 자연스러운 피부 빛깔을 약화시킨다. 자칫 주름을 오히려 강조하는 형국이 된다.

긍정적이다

늙었음을 불평한다고 해서 결코 젊어지지는 않는다. 긍정적인 생각을 하면 장점이 많다. 면역 체계가 좋아지고 심지어 장수하게 된다. 50세 이상의 여성 약 10만 명을 대상으로 한 연구에서 낙관주의자들은 비관주의자들보다 사망 확률이 14퍼센트 낮았고 관상 동맥성 심장 질환으로 사망할 확률은 30퍼센트 더 낮았다. 다른 연구에서는 심장병이 있는 사람들도 긍정적인 사람들은 5년 동안 추가로 생존할 확률이 58퍼센트 더 높았다.

충분히 잔다

나이가 들면 잠이 들기도 혹은 깨지 않고 계속 자기도 어려워진다. 그렇지만 수면을 우선순위에 놓도록 해야 한다.

『프랑스 여자는 주름 제거 수술을 받지 않는다』의 저자 '미레유 길리아노'는 멋지게 늙는 것에 있어 필수 조건 중 하나로 수면을 꼽았다. "수면이 당신의 피부, 머리, 에너지, 균형, 기분에 미치는 힘을 과소평가하지 말라. 최소 8시간은 자는 것을 목표로 해야 한다. 잠들어야 할 시간 30분 전부터 침실에서 일어나 TV 시청은 하지 말고 환기가 잘 되도록 하라. 밤에 침실은 어둡고 조용해야 한다."라고 권한다.

건강에 좋은 것을 먹고 마신다

당신이 먹는 것이 곧 당신이라는 말은 진실이다. 나이가 들면 더욱 그렇다. 올해 『허프포스트50』에서는 피부과 의사 '패트리샤 패리스'에게 나이가 들어감에 따라 식생활이 어떻게 바뀌어야 하는지 물었다. 패리스는 대답했다.

"보조제가 아니라 먹는 음식을 통해 비타민을 섭취하는 게 중요하다. 더 심한 노화를 막기 위해 영양이 풍부한 음식을 식단에 추가하라. 비타민 A, C, E, D, K가 풍부한 다양한 음식을 먹어 두라."

자연스럽게 외모 변화를 받아들인다

'조지 클루니'는 "머리 염색을 하지 않는다. 그렇게 하면 외모가 더 나빠질 수 있다."라고도 했다. 편하다면 염색을 하지 마라. 흰 머리를 감추기보다 헤어스타일을 바꾸어서 색깔보다는 스타일에 관심이 가게 해보라. 레이어, 볼륨 살리기 등 간단한 방법으로도 외모가 확 달라질 수 있다.

어느 노인의 인생철학 '불요파 불요회'

한 소년이 고향을 떠나 더 넓은 세상에서 꿈을 펼쳐 보기로 결심했다. 집을 나온 소년은 마을에서 가장 존경받는 노인을 찾아가 인사를 하고 명심할 만한 말씀을 해줄 것을 청했다고 한다. 붓글씨를 쓰고 있던 노인은 아무 말 없이 세 글자를 써 주었다.

"불요파不要怕"

직역하면 '두려워하지 말라'는 뜻이다.

그리고 노인은 소년에게 말했다.

"얘야, 인생의 비결은 딱 여섯 글자란다. 오늘 세 글자를 알려 주었으니 네 인생의 절반을 이 글자로 살면 크게 잘못될 일은 없을 것이다."

그 후 30여 년이 흘러서 소년은 중년이 되었다. 어느 정도 성공은 했지만 마음을 다친 일도 많았다. 그는 다시 고향으로 와서 떠날 때 글씨를 써주셨던 노인을 찾아갔다. 노인의 아들은 몇 년 전에 아버지께서 돌아가셨다며 편지 한 통을 꺼내 주었다. 그때 사내는 30년 전에 노인에게 들었던 인생의 비결을 떠올렸다. 편지를 뜯어보니 세 글자가 쓰여 있었다.

"불요회不要悔"

'후회하지 말라'는 뜻이었다.

'불요파 불요회不要怕 不要悔'로 미래를 두려워하지도 말고, 지나간 날들을 후회하지도 말라는 뜻이다. 촌철살인의 경구이다. 요컨대 중년 이전의 삶을 살 때는 결코 두려워하지 말고, 중년 이후의 삶을 살 때는 결코 후회하지 말라고 권고하고 있다. 삭막한 노년을 결코 후회하지도 말아야 하겠지만 인생을 관조하고 베풀며, 더불어 사는 삶을 조용히 생각해 보라.

인생에서 '제일 좋은 때' 70대

옛말에 '인생 70 고래희'라는 말이 있다. 인생 70을 넘기가 희박하다는 의미이다. 그러나 오늘날에 비추어 보면 전혀 수긍이 가지 않는 옛 얘기일 뿐이다. 요즘 인생 70은 막바지가 아니다. 새 마음으로 오히려 새로운 설계가 필요한 시기다.

앞으로의 20~30년을 어떻게 살 것인가를 생각해 보라. 어쩌면 20~30년의 기간은 웬만한 사람들의 한 인생일 수도 있다. 헛되이 지루하게 남은 인생을 살아서는 안 된다. 꿈을 버리는 순간 인간은 주저앉아 절망하게 된다. 대부분의 노년들은 나이가 들어가면서 이미 지나간 젊음을 아쉬워하기만 할 뿐 찾아오는 노년을 보람 있게 맞이할 생각을 하지 못했다.

요즘 70대는 더 이상 늙은이가 아니다. 자신이 늙었다고 인정하는 사람만이 늙은이일 뿐이다. 아직 늙지 않았다며 스스로 꿋꿋하면 아직 젊은이가 될 것이다. 그러면 언제가 인생에서 가장 행복을 느끼는 시기일까? 영국의 작가 겸, 교수인 '루이스 월포트'의 *You're Looking Very Well* 이라는 책에서 연령이 높은 사람이 오히려 행복지수가 높다고 전한다.

나이가 들수록 행복한 이유에 대해 말했다.

"노년에 나이가 들면서 자기 시간을 충분히 이용하고 생각을 할 수 있는 시간이 생긴다. 자신이 좋아하는 일에 더욱 더 매진할 수 있게 되기 때문에 행복지수가 전 생애 중 가장 높다."

또 다른 연구에서는 놀랍게도 인생의 황혼기에 접어든 74세에서 삶의 행복도가 가장 높다고 했다. 70대는 결코 인생 쇠퇴기가 아니다. 오히려 경륜이라는 지혜가 가장 왕성할 때이다. 또 다가오는 죽음에 대한 철학이 확고히 서 있을 때이다. 오히려 두려움이 없는 시기다. 연구진에 의하면 "이 나이는 사회적 책임감이나 경제력에 대한 부담감이 덜하고, 이전 삶에서 맛보지 못했던 자기만족의 시간이 더 많아지는 시기이기 때문"이라고 한다.

독일과 미국 연구진은 공동으로 성인 남녀 2만 1,000명을 대상으로 그들이 얼마나 행복하게 살고 있는지를 조사해 보았다. 10대~40대까지는 행복도가 그다지 높지 않았다. 이러한 추세는 46세까지 이어지다가 74세가 되면서 행복도가 높아지기 시작했다. 20대와 30대에서는 결혼해서 가족을 이루고 집을 사야 하고, 자녀교육을 시켜야 하며, 돈도 모으고 승진도 해야 하는 압박감 때문에 행복도가 낮게 나타났다.

어떤 논문에서 연구진은 행복도가 다르게 나타난 데 대해 "젊은 층에 비해 나이 든 사람들은 삶에 대해 더 '감사하게 생각하는 경향'을 보이기 때문이다. 또 노년층은 사회 상호작용에서 감정적 측면을 더 강조하는 경향이 있고 그들의 경험을 통해서 얻은 만족감을 감성적으로 기억하고 있기 때문이다."라고 했다.

그래서 70대는 결코 삶의 초라한 쇠퇴기가 아니다. 그들은 죽음까지 맞이할 준비를 해간다. 그만큼 심적인 여유가 있다. 어쩌면 하루하루를 더 충실하게 살아갈 수도 있다. 따라서 건강이 뒷받침해 주고 생활비에 걱정이 없다면 70대는 인생 최대의 행복감을 느끼면서 살 세대이다.

요컨대 70대는 인간이 지닌 경험과 지식을 통해 쌓은 경륜으로 인해 '최고의 지혜'가 발휘될 때이다. 인생에서 생기는 문제들을 긴 안목으로 바라볼 수 있는 나이이기도 하다. 유유자적하며 물 흐르듯 구름 넘어가듯 자기가 하고 싶은 일을 즐기며 마음대로 할 수 있으니 얼마나 행복한 나이인가.

'조고각하'가 주는 의미

'조고각하照顧脚下'란 한자를 그대로 풀어 보면 '자기 발아래를 잘 살피라'는 뜻이다. 특별한 의미를 부여하지 않아도 문자 그대로 해석된다. 놓치기 쉬운 사소한 것들의 중요성과 자신의 성공만을 위해서 가까이 있는 소중한 관계를 소홀히 하는 사람들에게도 경구가 되는 글이다. 깨달음은 멀리 있는 것이 아니라 항상 가까이에 있다. 자신의 발아래를 살피려면 고개를 숙여야 하듯 겸손과 낮아짐을 상징한다.

조고각하라는 말은 중국 송나라 오조 '법연선사'의 일화에서 나온다. 세 명의 제자와 밤길을 가다가 등불이 꺼지자 스승인 법연선사가 제자들에게 이제 어떻게 해야 하겠는가를 묻자, 제자 중 한 사람인 '원오' 스님이 '조고각하'라 답했다. 앞을 분간할 수 없는 칠흑 같은 어둠에 놓였을 때는 멀리 볼 수가 없다. 먼 곳에서 가느다란 불빛이 보인다고 해도 자칫 발을 헛디뎌 수렁에 빠지거나 벼랑으로 떨어진다면 죽음을 면치 못한다.

그 어둠 속에서 앞으로 나아가기 위해 해야 할 것은 오로지 자신의 발밑을 잘 살피는 일이다. 금방이라도 튀어나올 것 같은 산짐승 소리나 먼 곳의 빛에 시선을 빼앗겨서는 한 발짝도 나아갈 수 없다. 그런데 오늘을 사는 우리를 보면 그렇지 못하다. 자신의 발밑을 보기보다는 높은 빌딩이나 앞서간 사람의 뒷모습을 보며 살아간다. 생각이 자신에게 향하지 못하고 타자들이 이룬 욕망을 향해 있을 때, 결코 행복할 수 없을 것이다.

강을 건너기 위한 징검다리는 건너는 순간까지 발밑에 하나씩 놓아야 한다. 천 리 길도 한 걸음에서 시작된다. 마음에 큰 뜻을 품은 사람일수록 작고 사소한 일에 흐트러짐이 없도록 태도를 갖추지 않으면 안 된다. 지금 어디에 서 있는지 발아래를 살펴보고 인생길을 제대로 걷고 있는지 자신에게 물어봐야 한다. 나이가 들었다는 것은 경험이 많다는 것이고 떠날 날이 얼마 남지 않았다는 뜻이기도 하다.

  그래서 노년이 되면 통상 말이 많아진다. 자신의 경험을 누군가에게 남기려는 무의식적인 잔소리가 많아지는 것이다. 말은 잘못하면 잔소리가 되거나 소음이 될 수 있다. 글로 남기거나 이야기로 서술하여 전하는 것이 어쩌면 오랜 세월을 이겨낼 수 있을 것이다. 먼 곳으로 시선을 빼앗기면 발아래 절벽으로 떨어질 수 있다. 신중년까지 욕망을 찾아 밖으로 나갔다면 노후 대비의 삶은 내면의 세계로 들어갈 때다. 내면으로 한 걸음을 내딛는 조고각하의 삶을 깨닫는 순간, 행복한 노년의 삶도 보장될 수 있을 것이다.

여생지락

인생 일흔 줄에 서 있어도 노인으로만 있어서는 안 된다. 나름대로 일이 있어야 하고 경륜과 원숙함을 펼칠 방법이 있어야 한다. 평소의 실력과 능력을 살려 무엇을 할 수 있는가가 중요하다.

아니면 지금부터라도 무엇인가 배우고 갈고 닦아 보라. '새삼 이 나이에'라는 망설임은 금물, 하지 않음보다 늦게라도 시작함이 옳다. 아무리 달관하고 초월했다 해도 삶과 능력을 즐길 기회가 없으면 쓸모가 없는 것이기 때문이다.

 知之者 不如好之者 아는 자는 좋아하는 자만 못하고
 好之者 不如樂之者 좋아하는 자는 즐기는 자만 못하다

많은 것을 알고 좋아하지만, 즐겨하지 않는다면 그 무슨 소용이 있겠는가. 참 삶 Well-Being처럼 풍요롭고 건강하고 즐거우면 된다. 인품과 교양도 쌓아 정신적인 완숙기에 들었다면 노년의 아름다움을 즐겨 보라.

노년의 즐거움은 단순 순박해야 하고 빈 듯이 소탈하며 너그럽고 정다워야 한다. 구름 같은 인생, 그 순간순간을 즐기되 탐욕적인 쾌락은 멀리해야 한다. 자연을 벗하며 겸손을 배우고 따뜻한 눈으로 주위를 바라볼 때 정다운 사랑의 문이 열리고 마지막 황혼도 아름다울 것이다.

부원병 취사기 소고

생식과 사냥의 임무가 끝난 늙은 남자는 가정에 짐이 된다는 만고불변의 원칙을 아는가. 동물의 세계와 인간의 세계가 별반 다르지 않은 듯하다. 늙은 남자가 가정에서 살아가려면 사냥은 못하더라도 취사와 청소 정도는 직접 할 수 있어야 한다. 밥도 하고 청소도 하고 음식물 쓰레기도 버리는 등 가정이 평안하려면 남자가 어느 정도 가사분담을 해야 한다

최근 일본에 '부원병夫源病'이라는 희한한 이름의 병명이 생겼다. 정년퇴직한 남편이 원인이 되어 생기는 병이라고 한다.

은퇴한 남편이 집에 눌러 앉으면서 시시콜콜 참견하고 삼시세끼 밥차려 달라고 하면 대개의 부인들은 말다툼을 하거나 속병이 든다. 남편 때문에 생긴 이 속병을 부원병이라 부른다는 것이다. 남자 평균수명이 50세였던 시대에는 이런 병이 없었다. 전쟁·전염병·기근이라는 3재災가 없어지면서 인류는 여태껏 경험해보지 못한 장수 시대에 돌입하였다.

먼저 동물의 세계를 좀 살펴보자. 아프리카 사자 무리의 습성을 보면 수사자는 제왕의 자리에서 은퇴하자마자 곧 죽음을 맞이한다. 젊은 수사자의 도전을 받고 무리에서 쫓겨나면 혼자서 광야를 헤매다가 결국 굶어 죽는다. 평소 암사자가 사냥해 오는 먹이를 편안하게 먹다가 집단에서 추방되어 혼자가 되면 사냥이 어려워진다. 늙은 수사자는 이런 방식으로 가차 없이 도태되는데 이렇게 동물의 생태계는 비정하다.

한편 인도 힌두교도의 옛날 풍습도 좀 살펴보자. 인도의 힌두교에서는 50세가 넘은 남자는 임서기林棲期, 은퇴 후 명상수행 등 고행하는 시기로 살게 하는 관습이 있었다. 그동안 가족을 부양하고 사회적 책임을

다했으므로 50세부터는 가정을 떠나 숲속에서 혼자 살라는 그들만의 규율이자 지침이다. 그래서 동네 뒷산의 원두막 같은 데서 혼자 거지같이 산다.

아니면 지팡이를 짚고 떠돌이 생활을 한다. 그러다 보니 바라나시에 도착해서 자신이 죽게 되면 장작으로 화장되어 뼛가루가 갠지스 강에 뿌려지는 것이 그들의 최고 소원이다. 자기를 되돌아보는 수행을 하라는 종교적 의미도 있지만 생식과 사냥의 임무가 끝난 늙은 남자는 가정에 짐이 된다는 현실적 의미도 내포되어 있는 것 같다.

고건 전 총리의 부친인 청송聽松 고형곤 박사가 있다. 학교를 퇴직한 이후로 청송은 집을 떠나 정읍 내장산으로 혼자 들어갔다. 고내장 옆의 조그만 토굴 같은 집에서 혼자 밥 끓여 자취하면서 지냈다고 한다. 물론 가족이 반찬과 먹을거리를 가지고 왕래는 하였지만 청송은 인생 말년의 상당기간을 내장산의 적막강산 속에서 보낸 것으로 알려져 있다.

결국 임서기가 현실적으로 실천하기 어렵다면 취사기가 대안이다. 부엌에서 앞치마 두르고 밥과 설거지를 하는 '취사기炊事期'이다. '순처자順妻者는 흥하고 역처자逆妻者는 망한다!' '아내에게 순종하면 삶이 즐겁지만, 아내 말을 거스르면 칼 맞는다'라는 세간의 말도 있다.

은퇴 후에 부원병이 생기지 않게 해보라. 이것이 오늘날 노후의 남자가 처한 현실이다. 집을 떠나 아무 대책 없는 임서기보다는 훨씬 쉬운 취사기 임무를 성실히 적응해 나가는 것이 현명한 판단이라는 생각이 든다.

'젖은 낙엽'은 되지 말자

우아하게 늙는 것은 노인들이 바라는 이상이다. 하지만 '노인 4고苦'라는 말이 있듯이 노인들에겐 바라지 않는 불청객이 찾아오게 된다. 병고病苦, 빈고貧苦, 고독고孤獨苦, 무위고無爲苦 등 이 중에 어느 하나에도 해당되지 않는다면 그 사람은 정말 축복받은 노인이다.

일찍이 공자는 노년이 되면 모든 욕심의 유혹부터 뿌리칠 줄 알아야 한다고 충고했다. 이 말에는 노욕은 곧 노추老醜와 직결된다는 의미가 함축돼 있어 일반적으로 노욕이라는 불청객이 5고로 하나 더 추가되기도 한다.

세계적으로 덕망이 높은 '존 맥아더' 목사는 노인들의 삶을 이렇게 정의했다. "단지 오래 살았다는 것만으로 늙은 것은 아니다. 사람이 나이가 들면 얼굴에 주름살이 생기는 것은 지극히 당연하다."

하지만 말년에 꿈마저 저버린 사람은 마음의 주름살이 대신 생길 것이기에 '지금도 할 수 있다'는 꿈까지 버려서는 안 된다. 그래서 남은 인생 여정을 살아갈 우리 노인들도 국가나 사회가 내게 무엇을 해주기만을 바랄 것이 아니라 스스로 무엇인가 할 일을 찾아서 하는 삶으로 방향을 바꿔가야 한다.

어떤 일을 해보기도 전에 포기부터 하지 말라. 나는 안 돼, 나는 이제 쓸모없는 늙은이야 따위의 푸념은 자신을 스스로 매장하는 짓이다. 옛 조상들은 쓸모없다고 생각했던 노인들의 경륜을 지혜로 받아들였던 때가 있었다.

정약용의 『목민심서』를 보면 '걸언례乞言禮'라는 제도를 시행했던 내용이 나온다. 고을 안의 80세 이상 노인들을 국가기관에 초대해 윗자리에 모시고 잔치를 베풀며 그들의 입을 통해 백성들이 당하는 괴로움, 고통에 대한 이야기를 하도록 해 좋은 의견이나 지적이 나오면 시정할 방법을 전해 들었다. 80세 넘은 노인들은 두려움이나 이해타산 없이 거침없이 말할 수 있기에 활용됐던 제도였다.

지금은 노인들이 가정에서나 사회에서 부담만 주는 귀찮은 존재로 취급받는 것 같아 서글프다. 일본의 주부들은 직장에서 정년퇴직을 하고 집안에 죽치고 들어앉은 늙은 남편을 '오치누레바濡れた落ち葉'라고 부른다. 우리말로는 '젖은 낙엽'이라는 뜻이다. 마른 낙엽은 산들바람에도 잘 날아가지만 젖은 낙엽은 한번 눌러 붙으면 빗자루로 쓸어도 땅 바닥에서 떨어질 줄 모른다는 의미에서 유래되었다. 정년퇴직 후의 늙은 남편을 부인이 밖으로 쓸어내고 싶어도 착 달라붙어 떨어지지 않아 부담스러운 존재라는 뜻으로 당사자인 노인들에게는 어쩌면 심히 모욕적인 표현이다. 노령인구가 기하급수적으로 늘어나는 현실을 감안하면 '젖은 낙엽' 신세의 노인들은 앞으로도 대폭 늘어나게 될 것이다. 그러기 때문에 노인들도 계속 존경받는 위치에 있어야 한다. 독일이 낳은 위대한 문호 괴테는 74세 때 19세 소녀인 '울리케'와 뜨거운 사랑을 나눠 세상을 떠들썩하게 했다. 일본의 100세 시인 할머니 '시바타 도요'는 92세 때 아들의 권유로 시를 쓰기 시작해서 99세에 기념비적인 『약해지지 마』라는 시집을 발간해 150만 부의 베스트셀러를 기록했다.

"살아 있어 좋았어, 살아 있기만 해도 좋은 것이니 약해지지 마."라는 내용의 시바타 도요의 시는 노인들의 삶에 큰 용기를 주고 있다. 노인들이여! 꿈까지 잃어버리면 '젖은 낙엽' 신세로 전락해 외롭고 긴 인생 여정의 막다른 길로 내몰린다. 그런데 인생의 빛은 어쩌면 아침보다 황혼이 더 찬란한 법이다.

아흔 살에 암이 준 선물

암은 무서운 질병으로 특히 말기 환자들은 어디로 가야 할지 막막하다. 응급실은 입원을 기다리는 환자로 넘쳐나고 대형병원은 늘 병실이 부족하다. 국가별 '죽음의 질質' 조사에서 한국은 OECD 회원국 중 하위권에 머물러 있다고 한다.

"병실에서 생의 마지막을 맞는 대신 길로 나서길 잘했다고 생각해요."

91세 미국 할머니 '노마 바워슈밋'은 페이스북 '드라이빙 미스 노마'에 이런 소식을 올렸다. 아들 부부, 애완견과 함께 레저용 차량에 몸을 싣고 미시간주 북동부 '프레스크아일'의 집을 떠나 대륙횡단에 나선 지 1년이 되는 날이었다.

노마 할머니는 자궁암 진단을 받은 직후 남편마저 세상을 떠나자 치료 대신 이 대장정을 택했다고 한다. 미국 32개 주 75개 도시를 돌며 약 2만 1,000킬로미터를 주파했다. 노마 할머니는 1년 전 의사 앞에서 또박또박 말했다.

"난 지금 아흔 살이에요. 여행을 떠날 겁니다."

의사는 답했다.

"고통스러운 항암 치료와 부작용을 매일 봅니다. 수술로 더 오래 살 수 있을지 장담할 순 없습니다. 즐겁게 여행하십시오."

여행을 하는 동안 국립공원관리청 설립 100주년을 맞아 그랜드캐니언·옐로스톤을 비롯한 국립공원 기념행사 20여 곳에도 초청됐다.

42만여 명이 '드라이빙 미스 노마' 페이지를 팔로우하면서 할머니의 여행 소식을 듣고 있었다. 아들과 며느리가 틈틈이 사진과 글을 포스팅하며 어느새 유명인사가 됐다. 미 해군과 미 프로농구 애틀랜타 호크스 팀으로부터 초대도 받았다. 다 응하지 못할 정도로 많다. 152센티미터에 45킬로그램인 노마 할머니는 새로운 경험을 하고 있었다. 열기구 타기, 승마, 손톱 관리 등도 하면서 시간변경선을 10번 가량 넘나들며 말했다.

"1년 여행을 통해 삶과 배려와 사랑 그리고 '지금 이 순간'의 중요성을 배웠다."

어디가 가장 좋았는지 물었을 때 답이 걸작이었다.

"바로 이곳이죠."

'9988234.' 한국 노인들은 이런 숫자를 덕담처럼 주고받는다. 99세까지 88하게 살다가 2~3일 아프고 죽는다(4·死)는 뜻이다. 죽는 것도 두렵지만 죽음이 임박했을 때 아픈 것도 싫다.

노마 할머니 가족은 여행에서 만나는 사람들뿐 아니라 인터넷을 통해 격려해 주는 이들로부터 힘과 용기를 얻는다며 "미국 여기저기에 커다란 둥지를 짓는 기분"이라고 입을 모았다.

암 진단 후 지금까지 의사를 만난 적이 없지만 특별한 문제없이 지내고 있다. 인위적인 연명치료는 원하지 않았다. 노마 할머니의 여행 계획은 '극단적인 날씨를 피해서 가고 싶은 곳을 가고 싶을 때 가도록' 정해졌다. 생이 끝날 때까지 여행을 계속할 계획이다. 소망을 묻자 그는 이렇게 여운을 남겼다.

"내 여행이 '삶을 어떻게 마무리할까'에 대한 대화를 불러일으킬 수 있으면 좋겠어요."

어느 '95세 어르신'의 참회

"나는 젊었을 때 정말 열심히 일을 했다. 그 덕분에 65세 때 당당한 은퇴를 할 수 있었다. 그런 내가 30년 후인 95세 생일 때 얼마나 후회의 눈물을 흘렸는지 모른다.

돌이켜 보면 내 65년의 생애는 자랑스럽고 떳떳했지만 이후 30년의 삶은 부끄럽고 후회되고 비통한 삶이었다. 나는 퇴직 후 '이제 다 살았다. 남은 인생은 덤이다.'라는 생각으로 그저 고통 없이 죽기만을 기다리는 삶이라 할까? 덧없고 희망이 없는 삶, 그런 삶을 무려 30년이나 살았다. 30년의 시간은 지금 내 나이 95세에 포함해 보면 3분의 1에 해당하는 기나긴 시간이다.

만일 내가 퇴직할 때 앞으로 30년을 더 살 수 있다고 생각했다면 난 정말 그렇게 살지는 않았을 것이다. 그때 나 스스로가 늙었다고, 뭔가를 시작하기엔 늦었다고 생각했던 것이 큰 잘못이었다. 나는 지금 95살이지만 정신이 또렷하다.

앞으로 10년 혹은 20년을 더 살지도 모른다. 이제 나는 하고 싶었던 외국어 공부를 시작하려 한다. 그 이유는 단 한 가지다. 10년 후 맞이하게 될 105번째 생일 날, 95세 때 왜 아무것도 시작하지 않았는지 후회하지 않기 위해서이다."

일련의 참회를 음미해 보면서 퍽이나 다행인 것은 늦게나마 삶의 패러다임을 바꾼 것이다. 이 어르신은 두 번 후회하지는 않겠다는 의미로 도전정신을 터득했다. 만약 맥없고 열정도 없이 허송세월만 추구하며 안

주했다면 그것은 더 큰 문제를 초래했을 것이다.

    요컨대 우리가 은퇴하는 시점에는 여유를 갖고 싶어 하고, 유유자적하며 부담 없이 여생을 보내는 목표를 세우기 마련이다. 그러나 이것은 곧 후회를 가져올 뿐이다. 일을 통한 성취감을 느끼고 현재에 감사하는 삶이 될 때, 분명히 기쁘고 행복한 삶도 누리게 된다.

평균 수명 120세, 축복인가 재앙인가

최근 캐나다 퀸스대학 철학교수 '크리스틴 오버롤'의 저서 『평균 수명 120세, 축복인가 재앙인가』라는 책은 기존의 패러다임을 바꾸어 놓았다. 이 책은 장수시대 우리의 고민을 대변한다.

몇 해 전 어떤 사람이 저자에게 이렇게 말했다.

"나는 120세까지 살고 싶다."

옆에 있던 저자가 이렇게 물었다.

"우리들이 다 간 다음에 혼자 남아서 무슨 일을 하려고요?"

그러자 그 사람이 말했다.

"암, 할 일이 있지!"

더 이상 저자는 아무 말을 안 했지만 그분의 건강상태나 체력으로 보아 어쩌면 120세까지 살아 있을 것 같은 생각이 들었다.

현실적으로 오래 사는 것이 재앙이라고 생각하는 사람이 있겠지만 오래 사는 것을 축복으로 여기는 사람도 있을 것이다. 그러나 120세까지 사는 것은 아무래도 재앙으로 여기는 사람이 더 많지 않을까라는 생각이 든다. 장례식장에서 이런 추도사를 하였다 하여 화제가 된 적이 있다.

"70대에 가면 금메달이고, 80대에 가면 은메달이며, 90대에 가면 동메달이다."

어쨌든 지금 장수시대가 된 것만은 사실이다. 그래서 크리스틴 오버롤 교수가 말한 '100세 시대의 리스크'를 극복하지 못하면 장수는 분명 재앙일 것이다.

100세 시대의 리스크

돈 없이 오래 살 때 無錢長壽

의식주는 인간생활의 3대요소이다. 그런데 세 가지 모두 돈이 있어야 해결할 수 있는 것이기도 하다. 젊어서 돈을 벌어놓은 사람은 몰라도 돈 없는 노년생활은 어떻게 하면 좋을까. 어쨌든 돈 없이 오래 산다는 것은 재앙에 가깝다. 늙어서도 돈이 없으면 노동을 해서라도 벌어야 한다. 최소한 자녀들의 도움을 받아서라도 살아가야 하겠다. 그러나 설사 돈이 있다고 하더라도 결코 돈 앞에서 비굴해서는 안 된다. 더구나 돈으로 교만을 부려서도 안 된다. 결국 욕심을 버리고 마음을 허공처럼 비우며 가진 것을 베푸는 삶이 '무전장수'의 리스크에서 벗어나는 길일 것이다.

아프며 오래 살 때 有病長壽

인생은 돈만으로는 행복할 수 없다. 불행한 백만장자가 있는가 하면 최소한의 의식주 해결로도 행복한 사람이 있는 것이다. 행복할 만큼 적당하게 돈이 있고 건강하면 노년에 더 무엇을 바라겠는가. 하지만 육체적인 건강은 보통의 문제가 아니다. 마음이 병들고 영혼이 메말라 바스락거리면 아무리 돈이 많고 육신이 건강해도 행복할 수 없다. 노인에게는 건강보다 더 큰 행운이 있다. 그것은 계획을 세워 바쁘고 유용하게 살면서 권태와 쇠퇴에 사로잡히지 않는 것이다. 몸과 마음을 온전하게 하라. 그것이 유병장수이다.

일 없이 오래 살 때無業長壽

일 없이 오래 살려면 과거를 내려놓아야 일이 보인다. 노년의 일은 돈을 벌기 위한 것만이 아니다. 주변 공원에서 담배꽁초라도 주워 환경을 깨끗이 하면 그것도 노년의 몸과 마음을 건강하게 하는 일에 속한다. 천지에 널린 것이 일이지만 찾아 나서지 않으면 그 일이 나를 찾아오는 일은 없다. 일을 찾아 느긋하고 한 결 같이 자기 앞의 길을 걷노라면 길가의 아름다운 야생화도 만나고 산새들의 노랫소리도 들으며 건강을 유지할 수 있을 것이다.

혼자되어 오래 살 때獨居長壽

남편이 떠나자 실버타운에 입주한 어느 아내는 '외롭다'는 말을 입에 달고 살았다. 그녀는 말끝마다 "그때는 겨울마다 따뜻한 동남아로 여행을 다녔는데, 그때는 가을이면 주말마다 등산을 다녔는데…"로 시작한다. 그녀에게는 과거만 있고 현재는 없었던 것이다. 햇빛 찬란한 오후, 산책에 나설 동행을 찾지만 사람들은 모두 그녀를 외면했다. 그녀의 '그때 타령'에 질렸기 때문이다. 어쨌든 주위 사람들을 질리게 하면 사람들은 결국 떠나게 되어 있다. 설사 혼자 살아도 적극적인 생활태도가 필요하다. 산책도 혼자, 음악회도 혼자, 식당에도 혼자, 혼자에 익숙해지면 외로울 시간이 없을 것이다. 세월이 흐르고 해가 바뀔 때마다 나이야 먹겠지만 혼자를 즐길 줄 아는 노년은 몸과 마음이 건강해진다.

이상의 네 가지 리스크만 없앤다면 100세를 장수해도 삶에 활력을 불어넣을 수 있을 것이다. 일반적으로 젊게 사는 노인들은 매우 긍정적이고 적극적이며 정열적이다. 무엇보다도 자신과 자신의 처지에 대해 매우 정직하다. 자신의 육체적 나이를 받아들이고 노인으로서 자기의 처지나

위치에 대해서도 긍정하게 된다.

그런 노인들은 젊음을 더 이상 부러워하지도 않는다. 더 늙지 않으려는 인위적인 노력도 당연히 하지 않는다. 지금 있는 그대로의 자기를 인정하고 그 바탕 위에서 일상을 살고 있는 것이 최고라는 견해이다. 그래서 어떤 일에서도 무리가 없으며 순리에 따르게 된다. 요컨대 생로병사의 이치에 순응하며 원망하던 생활을 감사의 생활로 돌린다.

결국 긍정적으로 사는 노인들은 젊게 살고 활기 있게 사는 것이다. 자기 자신을 긍정적으로 받아들인다는 것은 죽음까지도 신의 섭리로 받아들이는 것이다. 이런 심리적 여유가 있기 때문에 결코 조급해하지 않는다. 사람이 나이대로 산다는 말은 사실이며 노년은 또 노년대로의 의미와 즐거움이 있는 법이다.

이것을 깨닫는 것도 노년을 살아가는 지혜이다. 결국 100세를 넘어 살아도 인생이 축복인 사람도 있고, 재앙인 사람도 있을 것이다. 바라건대 노욕과 노추를 버리고 이왕이면 장수를 축복으로 만들어 가는 밝은 세상을 준비해야 한다.

웰다잉, 잘 준비된 죽음 이야기

끝까지 존엄하게 살다 가려면 과연 무엇이 필요한가. 그 답을 찾은 곳은 장례식장 이었다. 친구 아버님을 추모하는 자리에서 친구가 말했다. 고인은 반년 전 암으로 6개월 시한부 판정을 받으셨다.

갑자기 닥친 죽음 앞에서 당황할 법도 하지만 그분은 차분히 자신의 마지막을 준비했다. 혼자 살 아내를 위해 자그마한 집으로 이사를 하고 재산을 정리해 자식들에게 선물처럼 조금씩 나눠 주었다.

이런 말씀도 남기셨다.

"사람은 마지막까지 잘 아파야 되고 잘 죽어야 된다. 그래서 아버지가 아플 비용, 죽을 비용을 다 마련해 놨다. 너희들 사는 것도 힘든데 부모 아플 비용까지 감당하려면 얼마나 힘들겠냐. 아버지가 오랫동안 준비해 놨으니 돈은 걱정 말고 나 죽기 전까지 얼굴만 자주 보여줘라."

그리고 스스로 병원에 입원한다. 임종을 앞두고서는 의사에게 심정지가 오면 연명치료를 하지 말라는 약속을 하고 문서에 사인까지 직접 했다. 자식들에게 아버지 연명치료 여부를 결정하는 아픔을 절대 주고 싶지 않다는 이유에서였다. 임종이 가까워서는 1인실로 옮기기로 예약해 두었다.

자신이 고통스러워하는 모습을 보고 누군가 겁먹을 수 있으니 가족들과 조용히 있고 싶다는 뜻이었다. 친구 아버님이 마지막으로 한 일이 있다. 가족들 모두에게 각각의 영상편지를 남긴 것이다. 아들, 딸, 며느리, 사위 그리고 손자들에게 가슴 뭉클한 작별인사를 하며 영상 끝에 이런 당부를 남겼다고 한다.

"사랑하는 딸아, 아버지가 부탁이 있다. 한 달에 한 번씩은 하늘을 봐라. 아버지가 거기 있다. 너희들 잘 되라고 하늘에서 기도할 테니 꼭 한 달에 한 번씩은 하늘을 보면서 살아라. 힘들 때는 하늘을 보면서 다시 힘을 내라."

그분은 자식들에게 마지막까지 존경스러운 스승의 모습으로 살다 갔다. 어떻게 아파야 하는지, 죽는 모습이 어때야 하는지, 존엄성을 지키면서 인생을 마무리한다는 게 어떤 것인지를 몸소 보여 준 것이다.

우리는 주로 뭔가를 시작할 때 준비라는 단어를 붙인다. 출산 준비, 결혼 준비, 취업 준비 등. 그러나 마무리에는 준비라는 단어를 붙이지 않는다. 그래서 많은 이들이 60대 이후를 남은 힘, 남은 돈으로 살려고 한다. 그러나 자식들 공부시키고 먹고살기 바쁜 현실을 버티다 보면 어느새 거짓말처럼 노후가 눈앞에 다가와 있다.

그때부터라도 정말 '잘 죽을 준비'를 시작해야 한다. 그러지 않으면 자식들 형편에 따라서 아프고, 자식들 돈에 맞춰서 병원에 끌려 다녀야 한다. 부모 입장에서는 존엄성이 사라지는데다가 자식들에게 너무나 미안한 상황이 벌어질 수도 있다. 그 때문에 있는 대로 자식들에게 주지 말고 자존감을 지키고 마지막을 잘 정리할 수 있는 비용을 반드시 남겨둬야 한다.

더 중요한 것은 자녀에게 후회와 원망 대신 아름다운 추억과 스승다운 모습을 남길 수 있도록, 돌아가신 부모를 생각하면 미소 지을 수 있도록, 마지막 실력을 쌓아야 한다. 그게 어디 보통 실력인가. 나이 들수록 부지런히 공부하지 않으면 그런 내공은 갑자기 안 생길지도 모른다.

육십이 넘으면 고집이 세져서 남의 말은 안 들으니 스스로라도 배우고 깨달아야 한다. 인간의 삶과 죽음에 대한 통찰이 담긴 공부를 해야만 하는 이유다. 그렇게 애써야 마지막에 어떤 모습으로 어떻게 죽을 것인지 결정할 수 있게 된다. 각자가 잘 죽는 것이야말로 한 사람의 인생이 담긴 진짜 실력이 아닐까 하는 생각이 든다.

대한민국 노인 '영양상태' 보고서

대한민국 노인의 영양상태가 심각하다. 최근 질병관리본부가 노인 2,876명을 대상으로 조사한 결과에 의하면 노인 6명 중 1명은 '영양섭취 부족' 상태였다. 1일 권장열량 섭취량(남성 2,000kcal 여성 1,600kcal)의 75퍼센트 미만을 섭취하면서 칼슘·철·비타민A·비타민B2 섭취량이 평균 필요량에 못 미치면 '영양섭취 부족' 상태이다. 일반적으로 영양섭취가 부족하면 신진대사가 원활하지 못하고 면역체계가 약화돼 각종 질환에 노출되기 쉽다.

분당 서울대학교병원 내분비내과 '임수' 교수는 "특히 노인은 필수 영양소를 제대로 섭취하지 않으면 독감·폐렴 같은 감염성 질환, 고지혈증 같은 만성질환에 더 취약하다"고 했다. 질병에 걸렸을 때 회복 속도가 느려서 사망률도 증가된다. 노인의 영양 섭취 부족은 식사량이 적기 때문이다.

배우자의 사망이나 은퇴 등으로 인한 우울감도 뇌의 신경전달물질 변화를 유발해 식욕을 증진하는 호르몬을 억제한다. 이화여대 식품영양학과 '권오란' 교수는 "장기의 흡수 능력이 떨어지면 섭취하는 음식의 일부만 영양소로 몸에 저장되므로 영양부족 현상이 나타나기 쉽다"고 했다. 위와 소장은 나이가 들면 기능이 퇴화하는 대표적인 장기이다.

치아 손실도 영양부족을 유발한다. 치아는 음식물을 잘게 쪼개 침 속에 있는 소화효소와 제대로 섞이도록 돕는다. 음식물을 잘게 쪼개지 못하면 위나 소장으로 내려가도 제대로 소화되지 않아 영양소를 체내로 흡수하지 못한다. 노인들이 먹는 약물 역시 영양소 흡수를 방해할 수 있다.

또한 임 교수는 "노인은 신장 기능이 젊은 사람에 비해 떨어지기 때문에 약이 잘 배출되지 않는데 약물의 특정성분이 영양소와 상호작용해 체내 흡수를 방해할 수도 있다"고 했다. 아울러 권 교수는 "다양한 식품을 골고루 섭취하고 영양소의 체내 흡수율을 높일 수 있도록 요리를 잘해서 먹는 게 좋다"고도 했다.

결국 영양 과잉섭취의 폐단으로 당뇨병을 유발하기도 하지만 자칫하면 영양결핍을 심각하게 유발할 수 있을 법하다. 따라서 노인들은 균형 잡힌 영양섭취에 더욱 신경을 써야 하겠다. 특히 칼슘을 비롯한 지방, 단백질, 미네랄의 섭취를 도와서 면역체계를 보강하는 게 건강장수의 비결이 될 것이다.

겨울철 노인 건강관리 보고서

겨울철은 누구에게나 그 의미가 특별하지만 노인들에게는 특히 더 중요하다. 이때부터 체계적으로 건강관리에 들어가지 않으면 1년 내내 질병에 시달리기 쉽다. 추워서 활동량이 크게 줄고 실내에서만 활동하는 시간이 대부분이기 때문이다.

활동량이 급격히 줄면 봄이 왔을 때 갑자기 움직이다가 뼈·관절 등에 무리가 가게 된다. 따라서 겨울철이더라도 조금씩 몸을 움직여 기초체력을 다지는 것이 매우 중요하다.

예컨대 낮 시간대에 장갑·목도리·덧신 등 방한 장비를 착용한 뒤에 약한 강도로 운동을 해야 한다. 처음 5~10분간은 스트레칭을 해서 근육·인대를 유연하게 풀어야 심장과 폐에 무리가 가지 않는다. 겨울철에 하기 좋은 운동은 20~30분 정도 속보, 즉 빠르게 걷기다. 운동이 끝난 후에는 5분간 스트레칭을 하는 게 좋다.

겨울에는 활동량이 줄어 식욕도 쉽게 떨어진다. 그렇다고 식사를 제대로 안하면 안 된다. 우선 신선한 채소·과일을 먹으면 입맛을 돋우고 비타민·무기질도 보충되므로 꼭 챙겨 먹어야 한다. 만약 채소를 소화시키는 게 어렵다면 잘게 다진 뒤 익혀 먹어야 한다. 그리고 우유를 매일 한 잔씩은 마셔서 뼈 건강을 다지고 갈증이 나지 않아도 물을 수시로 섭취하여 몸에 수분이 부족하지 않도록 해야 하겠다.

또 겨울에는 감기·폐렴·천식 등 호흡기 질환에 취약해지기 쉽다. 그래서 건조하고 찬 공기에 오래 노출되지 않도록 주의해야 한다. 특히 담배를 끊는 것이 아주 중요하다. 아울러 실내에는 가습기나 어항, 화분,

젖은 수건 등을 비치해서 공기가 건조해지는 것도 막아야 한다.

노인들은 가벼운 감기에 걸리더라도 젊은 사람과 달리 폐렴으로 이어질 가능성이 훨씬 높다. 따라서 열을 동반하거나 기침이 2주 이상 지속되거나, 흉통·호흡곤란 등을 동반한다면 반드시 병원 진료를 받아야 한다.

노년의 근력운동, 인지기능 향상

노년의 근력운동이 머리도 똑똑하게 만든다는 사실이 밝혀져 세간에 화제가 되고 있다. 운동을 통해 우리 몸의 근력을 강화시키면 기억력과 사고력에서 가벼운 문제가 있는 사람들의 뇌기능을 향상시켜 준다는 연구결과가 나왔다.

　호주 시드니대학교 건강과학과 연구팀은 55~86세 100명을 대상으로 근력운동과 뇌기능 간의 상관관계를 연구해 왔다. 연구팀은 참가자들에게 6개월 동안 일주일에 두 번씩 자신의 최대 근력의 80퍼센트에 해당하는 근육운동을 하게 했다.

　그 결과 기억력과 사고력 등 뇌기능이 눈에 띄게 향상됐다고 한다. 이러한 효과는 근력운동을 끝낸 뒤 적어도 1년 정도는 지속되는 것으로 나타났다. 연구팀의 '요기 마브로스' 교수는 "근력이 강해지면 인지기능이 향상된다. 근력이 강해지면 강해질수록 이에 따라 뇌기능도 더 좋아진다. 최소한 일주일에 두 번은 근력운동을 해야 하며 근력을 최대한으로 끌어올릴 수 있는 강도로 운동을 해야 한다."라고 했다.

　통상 노년의 운동으로는 부담 없이 걷는 유산소 운동이 최선이라고 생각한다. 그러나 노인들도 근육운동을 병행함이 건강에 큰 도움이 된다는 사실을 알게 된 셈이다. 유산소든 무산소이든 균형 있는 운동으로 건강을 관리하라.

치매예방, 계단 '오르락내리락 운동'

계단 오르기는 몸을 더 튼튼하게 해줄 뿐 아니라 '치매 예방' 같은 뇌 건강에도 도움이 된다고 한다. 여기 계단 오르기에 숨겨진 뇌 과학의 비밀이 있다. 기억력이 나빠지는 '경도인지장애' 증상의 70대 환자는 1년 전부터 약물치료와 함께 계단 오르기를 꾸준히 하였다. 천천히 계단을 이용하며 숫자를 세고 생각하는 게 치료에 도움이 된다는 병원 처방 때문이었다.

인천 남동구의 송길례 씨는 "계단을 오르락내리락하며 운동도 하고, 걷기도 많이 하는데 기억력도 좋아지고 있다. 실제 검사 결과에서도 1년 전보다 집중력과 기억력이 두 배 가까이 좋아졌다."라고 한다. 노화와 함께 치매나 주의력 결핍 장애가 많아지는 것은 뇌와 관계가 있다는 것이다.

즉 정보 기능을 맡은 뇌 '회색질'의 양이 줄어들어 처리할 수 있는 정보량도 줄기 때문이다. 하지만 꾸준한 운동은 뇌에 산소를 공급해 뇌세포 간 연결을 활성화시키면서 회색질 감소를 둔화시킬 수 있다고 한다. 캐나다 '콩코디아'대 연구팀에서는 특히 계단을 자주 이용한 사람일수록 회색질 감소 속도가 느리다는 연구결과도 내놨다. 또 계단 오르기는 퇴행성 변화를 예방하는 허벅지 근력 운동도 된다는 것이다.

가천대학교 신경과 '노영' 교수도 "종적 연구를 통해서 운동을 통한 하지근력을 많이 증가시켰던 사람들이 치매 요인도 훨씬 현저하게 감소되는 것을 알 수 있었다."고 했다. 하지만 노인들의 무리한 계단 운동은 관절을 다치게 할 수 있는 만큼, 의료진과의 사전 상담 후 적정한 운동을 하는 것이 꼭 챙겨야 할 사안이다.

일본에서 유행하는 '졸혼'

 일본에서 '졸혼卒婚'이 요즘 화제의 키워드로 떠올랐다. 일본에서 졸혼은 '결혼을 졸업하다'라는 뜻으로 주로 결혼해서 30~40년 이상 지난 부부에게 사용하는 말이라고 한다. 졸혼이 이혼과 다른 점은 결혼이라는 형태를 유지하면서 자유롭게 각자 자신의 인생을 즐긴다는 점이다.
 '졸혼'은 별거를 하면서도 함께 식사를 하거나 쇼핑을 가기도 하며 같이 살면서 졸혼 관계를 유지하는 경우도 있다. 졸혼의 장점은 자신이 좋아하는 것을 하면서 제2의 인생을 살아갈 수 있다는 것이다. 아직 한국에서는 졸혼이라는 말을 사용하지 않지만 현재 졸혼 상태를 유지하고 있는 중장년층들이 상당수 있을 것으로 예상된다.
 인도의 '마하트마 간디'는 서른일곱 살에 아내에게 '해혼식解婚式'을 제안했다. 해혼한 뒤에 간디는 고행의 길을 떠났다. 결혼이 부부의 연을 맺어 주는 것이라면 해혼은 혼인 관계를 풀어 주는 것이다. 부부가 불화로 갈라서는 이혼과는 다르다. 하나의 과정을 마무리하고 자유로워진다는 뜻이다. 인도에는 오래전부터 해혼 문화가 있었다고 한다. 부부가 자식 키우며 열심히 살다가 자녀가 결혼하면 각자 원하는 대로 사는 방식이다.
 몇 년 전 은퇴한 언론인은 고향으로 돌아간 뒤 아내에게 "해혼 생활을 하자."라고 했다. 각자 하고 싶은 일을 하며 간섭하지 말자고 했다. 아내는 남편이 멋대로 살겠다고 선언하는 줄 알고 펄쩍 뛰었다. 남편 생각은 달랐다. 자기는 시골 생활에 익숙하지만 도시 출신 아내는 힘들 수밖에 없다. 그러니 남편 신경 쓰지 말고 친구 만나고 여행도 다니라는 배려였다. 그는 "늙어 이혼하지 않으려면 해혼하라"고 권했다.

2004년 책 『소쓰콘(졸혼)을 권함』을 쓴 '스기야마 유미코'는 졸혼을 '기존 결혼 형태를 졸업하고 자기에게 맞는 새 라이프스타일로 바꾸는 것'이라고 했다. 스기야마 부부는 걸어서 25분 떨어진 아파트에 따로 살며 한 달에 두어 번 만나 식사를 한다. 원래는 전형적인 모범 부부였지만 아이들이 자라자 달라졌다. 시간 맞춰 같이 밥 먹고 가족 여행 다니는 것도 부담스러웠다. 결혼의 기본틀은 유지하되 각자 자유롭게 살기로 했다. 일본 영화감독 '기타노 다케시'는 "남이 안 보면 갖다 버리고 싶은 게 가족"이라고도 했다. 부부나 가족은 너무 가깝기에 서로에게 거는 기대도 너무 크기 마련이다. 그래서 도리어 상처를 줄 수 있다는 뜻일 것이다.

"당신 없이 못 산다"는 말처럼 상대를 꽁꽁 붙들어 매는 얘기도 없다. 우리라고 다를 리 없다고 본다. 서울에서 황혼 이혼(27%)이 신혼 이혼(25%)을 앞지른 게 벌써 5년 전이다. 50~60대 남녀 절반이 "남은 인생은 나를 위해 살겠다."라고 한 여론조사도 눈여겨봐야 한다.

전통적으로 결혼주례는 늘 "검은 머리 파뿌리 되도록 사랑하며 살라"지만 평균 기대 수명 60세 시대와 100세 시대 결혼문화는 같을 수가 없겠다. 생을 접는 순간까지 기존 결혼 방식에 매이고 싶어 하지 않는 사람이 늘 수밖에 없다. 해혼·졸혼, 해마다 갱신하는 계약 결혼처럼 갈수록 새로운 '만년晩年 결혼모습'이 생겨날 것 같다. 결혼의 의무를 다한 뒤 각자 살며 서로를 친구처럼 지켜보는 것도 '백년해로'라고 부를지 모른다.

일반적인 전통문화에서는 가족중심의 삶을 강조한다. 어쩌면 가장 바람직하고 이상적인 가족문화임에 틀림이 없다. 그러나 일본은 물론 우리나라에서도 만연하는 황혼이혼은 가정 자체를 파괴하고 자식들과의 관계마저 어색하게 만든다. 차제에 가족중심의 삶을 영위할 자신이 없거나 황혼이혼이라도 결심했다면 차선책으로 '졸혼'을 택함은 어떨지.

행복한 노년의 삶을 준비하는 지침

사람들은 나이가 들어가면서 특히 은퇴시점이 다가올수록 다음과 같은 심경의 변화가 진행된다. 은퇴를 앞둔 10여 년 전에는 은퇴 후 삶에 대한 막연한 '꿈' 그리고 '상상'을 가지지만 은퇴 시점 1~2년 전에는 '우울'과 '분노'를 표출하고 결국은 현재의 삶을 그냥 수용해 버린다는 것이다.

특히 남성의 경우 은퇴와 함께 경제적 주체로서의 존재감이 사라지면서 스트레스도 급격하게 증가한다. 현명하고 행복한 노후의 삶은 어떤 것일까.

중국 송나라 주신중이 말한 세시오계歲時五計를 현대인들을 위한 '인생 5계'로 풀어 설명해 보았다.

생계生計

은퇴 후 무슨 일을 하면서 살아갈 것인가에 대한 계획이 반드시 필요하다. 최근에 창업을 넘어 '창직'이라는 말이 회자되고 있다. '창직'은 자신만의 창의적 아이디어와 활동을 통해 새로운 직업을 만들고 스스로 일자리를 창출해 노동시장에 진입하는 것을 의미한다. 요즘처럼 청년은 물론 중·장년층에게조차 일자리가 부족한 시기에 '창직'은 충분히 고려할 만한 가치가 있고 가슴 설레는 구직 방법일 수 있다. 한편 전체 고용인구 가운데 자영업자는 28.2퍼센트 정도로 그 수는 전반적으로는 줄지만, 50~60대 이상 자영업자는 꾸준히 늘고 있다.

신계身計

통계청·보건사회연구원에 의하면 우리나라의 평균수명은 80대 초반, 건강수명은 70대 초반으로 나이가 들면 최소 10년 이상 병치레를 하며 살아간다고 한다. 우리나라에서 가장 많이 사망하는 연령은 85세로 병치레 기간은 점점 늘어날 가능성이 매우 높다. 결국 100세 장수시대에는 '건강수명'을 늘려가는 생활 방식의 변화가 반드시 필요하다.

노계老計

가족과 자식들에게 민폐를 끼치지 않고 어떻게 당당하게 노후를 보낼 것인가에 대한 계획도 필요하다. UN산하단체 '헬프에이지Help Age'는 '세계노인복지지표'를 발표한 바 있다. 우리나라는 '소득보장 부문'에서 96개 조사대상국 중 최하위권에 그쳐 노후소득 부문이 매우 열악한 상황이다. 은퇴 후에는 많은 금액이 아닐지라도 안정된 현금 흐름Cash Flow을 만들어 내는 것이 중요하다. 정해진 날짜에 정해진 금액이 죽을 때까지 나오는 시스템을 사전에 구축해야 한다. 장성한 자녀가 독립해서 잘 살아주는 것이 부모에게 최고의 선물이듯이 은퇴한 부모가 자녀에게 해줄 수 있는 최고의 선물은 경제적 자립이기 때문이다.

가계家計

최근 노후 준비의 개념은 개인의 문제가 아닌 가족 차원에서 이뤄진다. 최소한으로 보더라도 부부의 문제이다. 기대수명과 황혼이혼이 늘어나고 특히 경제적 주체였던 남편이 은퇴 후에는 그 존재감이 사라지면서 부부 싸움으로 번지기도 한다. 결국 은퇴 문제는 남편과 아내가 머리를 맞대고 고민할 가장 큰 숙제다. 배우자·자녀와의 관계는 은퇴가 임박해서 벼락치기로 준비할 수 있는 것이 아니다. 바쁜 일상이지만 가족들과 저녁식사를 함께하거나 같이 여행을 떠나는 등 소박한 가족 '버킷 리스트'를 작성하라.

사계死計

은퇴 후 긴 인생을 살아가면서 나는 가족에게 어떤 모습을 남기고 떠날 것인가에 대한 계획도 필요하다. 고령화가 빠르게 진행되면서 나타나는 현상 중 하나가 노노老老 상속과 부모 부양에 대한 문제이다. 부모를 부양하는 것이 너무나 당연해 보이지만 부양을 조건으로 자식에게 재산을 이전해 주는 웃지 못 할 현실이 지금 발생하고 있다. 이미 일본에서는 90대가 넘은 노인을 쉽게 찾아볼 수 있고 이런 노인이 사망하면 재산은 고령의 배우자나 자녀들에게 상속되는 것이 보통인데 자녀들도 이미 60대의 노인이 되어 있는 상태이다. 따라서 차선책으로 조부모가 손자·손녀에게 직접 물려주는 세대생략증여 등 재산 이전에 대한 사전 계획도 필요할 것이다.

필독서 『백년을 살아보니』

『백년을 살아보니』의 지은이는 1920년생이다. 중학교 3학년 때 신사참배 문제로 학교를 자퇴했고 대학을 졸업하면서는 학도병으로 일본군에 끌려가는 문제를 두고 절망하기도 했다. 연세대학교 명예교수로 1960년대와 70년대에 수필집을 여러 권 냈던 철학계 1세대 교육자이다. 그리고 저자가 다니는 수영장의 최고령 회원이며, 하루에 50분은 걷고 평소 버스와 지하철 등 대중교통을 이용한다.

『백년을 살아보니』에 등장하는 인물들도 나이가 적어도 80대이다.

지난해 가을 서울 영등포구 63빌딩의 한 식당에서 80세 전후의 노인 여러 명이 또 다른 노인에게 절을 하는 이색적인 풍경이 펼쳐진다. 제자들이 은사에게 절을 한 것이다. 지은이는 '나에게 시한부 인생이 주어진다면 그 남은 시간에 무엇을 할 수 있을까?'라고 질문한다.

젊었을 때는 삶의 시간적 단위가 길어 20, 30년의 계획을 세우지만 세월이 흘러 70대가 되면 10년의 계획도 가능할까 싶어지고, 자신은 계획이 2, 3년으로 짧아졌다고 했다. 그래도 새로운 일에 도전하고 싶은 것은 여전하다고 한다. 사진 기술을 배워서 좋아하는 구름을 사진으로 찍어 남기고 싶다고도 하며 꼬집는다.

"늙는 것은 내 잘못은 아니다. 가만히 있어도 세월은 흐르게 돼 있다. 그런데 사회는 그 늙음을 바라지 않는다. 90세가 넘으면서는 자신을 위해 남기고 싶은 것은 다 없어지고 더 많은 사람에게 더 큰 사랑을 베풀 수 있었으면 감사하겠다는 마음만 남았다. 인간은 죽음을 전제로 하는 삶의 가치와 의미를 살피는 점이 다른 생명체와 다르다."

지은이는 수없이 지인들의 죽음을 마주했을 것이다. 배우자를 잃고 혼자 남은 괴로움이나 벗을 잃은 슬픔을 담담하게 마주하며 이겨냈을 것이다. '노블레스 오블리제'를 실천했고 아울러 고매한 삶의 그림자도 구석구석에 녹아있는 듯해, 흐뭇했다.

'실버파산' 피하는 5계명

초고령사회가 목전에 다가옴에 따라 신중년 세대 가족 리스크가 사회적인 문제가 되는 때이다. 자녀 뒷바라지, 황혼이혼 등 가족 리스크가 '실버파산'으로 이어지기도 한다.

　삼성생명은퇴연구소의 경계해야 할 5계명을 소개해 본다.

황혼이혼 막는 것도 재테크다
통계청에 따르면 20년 이상 부부생활을 하다가 지난해 '황혼이혼'한 경우가 30퍼센트에 달한다. 정신적 고통과 재산 분할에 따른 갈등 등 문제를 피하는 것만으로도 '재테크'라는 말이 나올 정도이다. 건강한 부부생활을 유지하려면 작은 것부터 실천해 보자. 부부간 하루 20분 대화하기, 일주일에 하루는 둘만의 시간 보내기 등을 추천한다.

과다한 남의 시선 의식은 불필요하다
남들이 다니는 학원은 다 보내야 하고 한 번뿐인 자식 결혼식은 남부럽지 않게 해야 한다는 강박관념을 떨쳐버려야 한다. 우리의 현실은 남의 시선을 의식해 자녀 뒷바라지에 너무 많은 돈을 쓴다. 노후에 대한 고려 없이 무리하게 하는 지원은 가족 모두에게 손해이다.

재산 상황을 소상히 자식에게 알리자
자산 규모를 자식들에게 어느 정도는 솔직하게 얘기하는 게 좋다. 결혼비용은 얼마를 도와줄 수 있고 교육비는 언제까지 지원해줄 수 있는지 알려줘야 자식들도 책임감을 더 가질 수 있기 때문이다.

가족 모두 경제적 자립 능력을 구비하게 해야 한다

어느 한쪽의 희생으로 지탱되는 가족관계는 건강하지도 않고 오래 갈 수가 없다. 가족 모두가 서로에게 의존하지 않아도 자립할 수 있는, 무엇보다도 '자기 돌봄 능력'을 최우선으로 길러내야 한다.

미래 목돈은 연금 투자이다

평소 자산에 여유가 있다면 자녀가 내미는 도움의 손길을 외면하기 어렵다. 특히 현금 자산을 갖고 있으면 자녀에게 흘러들어갈 가능성이 매우 크다. 차라리 그 돈으로 연금을 들든지 안정적인 수익 사업에 투자하여 미래에 대비하라.

최상 재테크 '자녀의 경제적 독립'

요즘 들어 지구촌에는 의미심장한 가정 신조어들이 등장했다. 미국에서는 대학 졸업 후에도 취업을 못해 경제적으로 독립하지 못하고 머무는 자녀를 '낀 세대'라는 의미의 '트윅스터Twixter'라고 부른다.

캐나다에서는 직업을 구하러 다니다가 결국 집으로 돌아온다는 뜻에서 '부메랑 키즈', 영국에서는 부모 퇴직연금을 축낸다는 뜻에서 '키퍼스 KIPPERS', 이탈리아에서는 엄마가 해 주는 음식에 집착한다는 의미의 '맘모네'라고 한다.

우리나라는 학교를 졸업한 이후에도 취업을 못해 경제적으로 독립하지 못하고 부모에게 의존하는 20~30대 젊은 층을 '캥거루족', 취업을 했더라도 경제적인 독립을 못하고 부모에게 의존하는 30~40대를 신新캥거루족이라고 부른다. 어미 캥거루의 주머니에서 보살핌을 받고 살아간다고 해서 나온 말일 게다.

과거에는 부모가 자녀의 교육, 결혼, 주거비용 등을 지원하며 양육하고 자녀는 나이 든 부모를 다시 부양하는 선순환 구조였다. 하지만 경제사정이 좋지 않고 핵가족화가 되다 보니 지금은 나이 든 자녀를 오히려 나이 든 부모가 역부양하는 상황이 연출되고 있다. 어찌 보면 자녀를 경제적으로 독립시키는 게 가장 중요한 노후대비 재테크라고 할 수 있겠다.

최근 현대경제연구원 조사에 따르면 경제적 행복의 장애물로 20대는 '일자리 부족', 30대는 '주택', 40대는 '자녀 양육과 교육', 신중년 세대는 '노후준비 부족'을 꼽았다. 또 나이가 들수록 '노후준비 부족'이 행복의 장애물이 된다는 응답이 높았다고 한다. 일반적으로 40대 때 과도하게 자녀교육에 지원했다가 신중년 세대에 노후준비 부족으로 이어지고 있다고 볼 수 있겠다.

대한민국 신중년 세대는 새끼를 위해 제 살까지 먹이로 내주는 늙은 '염낭거미'를 닮아가고 있는 상태이다. 독거미의 일종인 염낭거미는 먹을 것이 없으면 새끼를 위해 제 살까지 먹이로 주는 습성이 있다. 지금의 신중년 세대는 은퇴와 동시에 수입은 끊겼지만 여전히 부모에게만 의존하는 자녀 세대의 부담까지 떠안는 바람에 노후준비 자산이 계속해서 감소하고 있는 형국이다.

보건사회연구원 설문에 따르면 25세 이상 성인 자녀를 부양하고 있는 부모의 경우 지난 1년간 성인 자녀를 위해 월평균 73만 7,000원을 지출하고 있었다. 위로는 부모를 모시고 아래로는 자녀를 돌보느라 자신의 노후 준비는 여전히 뒷전일 수밖에 없다는 것이다. 보건복지부 조사에 의하면 부모가 언제까지 자녀 양육을 책임져야 하는가라는 질문에 대학 졸업할 때까지 지원해야 한다고 응답한 비율이 49.6퍼센트, 결혼할 때까지 양육 책임이 있다고 응답한 비율이 20.4퍼센트였다는 것이다.

그런데 여기가 끝이 아니다. 어린 자녀를 둔 20~30대 부부의 경우 82.6퍼센트가 조부모 육아를 선호하고 있다. 그러나 손자를 보는 대가로 받는 보수는 월평균 55만 4,000원에 그친다. 결국 이마저도 다시 손자들에게 지출되는 경우가 많아, 평생 자녀 뒷바라지에 대한민국 노년층의 삶이 난감하게 되는 것이다. 요컨대 자녀 뒷바라지가 먼저인지 자신의 노후준비가 먼저인지 대한민국에서는 정말 어려운 과제이다.

예컨대 불경기에 다른 씀씀이는 줄여도 아이들 교육비만큼은 절대 줄이지 못하는 것이 부모의 마음이다. 요즘 자식 된 입장에서 은퇴를 앞두거나 은퇴를 한 부모에게 해줄 수 있는 최고의 배려와 선물은 스스로 경제적으로 독립하거나 독립을 준비하는 것이 아닐까.

사람답게 늙는 법

사람의 연령에는 자연연령, 건강연령, 정신연령, 영적연령 등이 있다. 영국의 노인심리학자 '브롬디'는 "인생의 4분의 1은 성장하면서 보내고 나머지 4분의 3은 늙어가면서 보낸다."라고 했다.

사람이 아름답게 죽는다는 것은 여간 어려운 일이 아니다. 그러나 더 어려운 것은 아름답게 늙는 것이다. 특히 행복하게 늙어가는 것은 쉽지 않다. 그렇다면 어떻게 해야 할까. 우선 아름답게 늙어가기 위해서는 일과의 관계가 중요하다. 나이가 들수록 열정을 잃지 않도록 해야 한다. 나이가 들면서 통상 4대 고통이 따른다. 질병, 고독감, 경제적 빈곤, 역할 상실이다. 점점 의욕과 열정을 잃어가게 되어 있다.

노년을 초라하지 않고 우아하게 보내는 비결은 사랑, 여유, 용서, 아량, 부드러움 등이다. 특히 핵심적인 요소는 열정이다. 인류역사에서 노년에 남긴 굵직한 업적들을 살펴보면 거기에 답이 보일 것이다. 우리는 노년기에도 열정을 가지면 위대한 업적을 남길 수 있었다. 세계 역사상 최대 업적의 35퍼센트는 60~70세에 성취되었다. 23퍼센트는 70~80세에, 6퍼센트는 80대에 의하여 성취되었다고 한다. 요컨대 역사적 업적의 64퍼센트가 60세 이상의 노인들에 의하여 성취되었던 것이다.

소포클레스가 『콜로노스의 오이디푸스』를 쓴 것은 80세 때였고 괴테가 『파우스트』를 완성한 것도 80세가 넘어서였다. '대니엘 디포'는 59세에 『로빈슨 크루소』를 썼고 '미켈란젤로'는 로마의 '성 베드로 대성전의 돔'을 70세에 완성했다. 베르디, 하이든, 헨델 등도 고희의 나이를 넘어 불후의 명곡을 작곡하였다.

100세 건강, '쾌청'하게 하는 비결

살면서 건강 하나만큼은 확실히 챙기고 싶다면 몸의 면역력을 높이는 식습관에 관심을 가져라. 노년에 두려움의 대상이 되는 험한 암도 잘 낫지 않는 감기도 내 몸의 면역력이 좌우하기 때문이다. 면역력을 높여서 100세 건강이 '쾌청'할 수 있다.

어쩌면 놀라운 사실인데 우리 몸에는 하루에 1,000여 개 이상의 암세포가 만들어지는 것으로 추정되고 있다. 그런데도 아무나 암에 걸리지 않는 것은 왜일까? 원자력병원 백남선 박사는 "그 열쇠를 쥐고 있는 것이 바로 우리 몸의 면역력"이라고 한다.

우리 몸에 침범한 병원체나 독소 등을 없애주는 자연 치유능력인 면역력은 돌연변이에 의해 생겨난 암세포를 발견하는 즉시 제거해 버리기 때문이다. 그래서 우리 몸에 하루에도 수많은 암세포가 생겨나지만 모두 다 암 환자가 되는 것은 아니다. 그런데 문제는 이러한 면역기능이 갑자기 떨어졌을 때이다. 그렇게 되면 우리 몸에는 비상이 걸리고 문제는 자못 심각해진다.

우리 몸의 면역력을 담당하는 주역은 백혈구의 림프구이다. 이들이 혈관을 타고 돌면서 각종 침입자를 찾아내 파괴하는 역할을 한다. 그러니 우리 몸에 각종 질병이 생기지 않는 것이다. 따라서 언제나 최고의 상태를 유지하도록 각별히 신경을 써야 한다. 그렇다면 무엇이 문제가 될까?

첫째로 단백질의 결핍이다. 우리 몸의 단백질 결핍은 면역기관인 흉선이나 림프 계통의 무게를 감소시켜 각종 병원균에 감염이 잘 되도록 하기 때문이다. 특히 비타민 A, C, E의 부족도 문제가 된다.

둘째로 아연이나 셀레늄, 마그네슘 섭취량이다. 이들 미량원소가 부족하면 우리 몸의 면역기능이 무너진다. 그러나 필요 이상으로 섭취해도 문제가 된다.

셋째로 수면부족이다. 잠을 자는 기간에는 뇌 속에서 '멜라토닌' 호르몬이 나오는데 이 호르몬은 우리 인체에 100세 건강과 내 몸의 면역력을 높여준다.

그렇다면 평소 면역력을 높이는 최고의 식품은 무엇일까? 의외로 우리가 쉽게 접할 수 있는 식품들이다.

우선 마늘은 예로부터 '백익일해百益一害'라고 불릴 정도로 그 가치를 인정받아 왔다. 박테리아를 죽이고 곰팡이를 죽이며 바이러스 및 암세포까지 죽이는 효과가 있다. 그리고 양배추는 예로부터 약으로 사용될 만큼 영양 가치가 우수하다. 식이섬유가 풍부하고 비타민이 다량 함유되어 면역력을 높이는 최고의 식품이다. 마지막으로 콩은 '밭의 쇠고기'라고 불린다. 식물성 단백질이 풍부하여 면역기능을 높이는 효과를 나타낸다.

그 외에도 '베타카로틴'이 함유된 당근, '베타글루칸'이 풍부한 버섯 등이 면역력을 높일 수 있는 최고의 식품으로 이름을 올릴 수 있다. 결국 100세 건강을 쾌청하게 유지하기 위해서는 우선 면역력 저하의 주범을 사전에 추방하고, 면역력을 높이는 식품을 꾸준히 섭취하라. 요컨대 우리의 건강은 몸 안의 면역력 여부에 따라 좌우된다.

100세 건강, '일광욕'의 놀라운 효과

꽃이 만발하고 바람이 살랑거리는 야외에 나가 과감하게 햇볕을 쬐며 산책해 보라. 햇볕 아래에서 운동을 하면 효과가 배로 된다는 연구결과가 있을 만큼 햇빛은 우리 몸에 좋은 '영양소'가 되기도 한다. 특히 햇볕으로부터 나오는 자외선은 뇌 기능 향상, 스트레스 완화 등 우리 몸에 도움이 되는 비타민 D를 생성하기 때문에 '자연이 주는 명약'이라고도 불린다.

그래서 아무리 바쁘더라도 짬짬이 시간을 내어 햇볕을 꼭 쬐어야 한다. 전문가들은 일광욕 시간으로 하루 20~30분이 적당하다고 추천한다. 그렇다면 햇볕이 우리 몸에 미치는 영향은 어떤 것들이 있을까? 해외 온라인 미디어 '라이프핵'에서 소개된 햇볕의 놀라운 효능 8가지이다.

우울증 완화

자외선 부족은 계절성 우울증SAD을 유발하는 가장 큰 요인이다. 특히 오랜 시간 사무실에서 작업하거나 외출을 즐기지 않는 사람에게 일반적이다. 이를 완화할 수 있는 가장 쉬운 방법은 밖에 나가 햇볕을 쬐는 것이다. 햇빛을 받으면 우리 뇌는 평소보다 행복의 감정을 느끼게 해주는 분자인 세로토닌을 더 많이 분비시키기 때문이다. 결국 햇빛은 '자연 항우울제' 역할을 해 우울증 완화에 도움을 준다.

암 예방

일반적으로 알려진 바에 의하면 비타민 D 결핍이 다양한 암을 유발한다. 특히 유방암과 대장암을 증가시킨다. 이에 대해 캘리포니아 대학 연구진

'프랭크'와 '세드릭 갈랜드'는 암을 예방하는 가장 쉬운 방법으로 '햇볕 쬐기'를 권했다. 자외선을 받으면 비타민 D가 피부를 통해 체내에 합성되기 때문이다.

혈압 감소

햇빛은 혈압을 낮추는 데도 큰 도움을 준다. 영국 '에딘버러' 대학교 연구팀은 랜드마크 연구에서 피부가 햇빛에 노출될 경우 피부에 산화질소 nitric oxide가 생성돼 혈관이 확장되고 혈압이 낮아진다고 발표했다. 정상 혈압을 가진 사람이 자외선 노출 후 혈압이 2~5mmHg 낮아지는 효과를 보였기 때문이다. 아울러 심장마비와 뇌졸중의 위험성도 낮아진다고 했다.

수면 질 향상

하루 평균 30분 이상 햇볕을 쬐지 못하면 수면장애를 일으킬 확률이 높다. 낮에 햇빛을 충분히 받으면 약 14시간이 지난 뒤 수면 호르몬인 멜라토닌이 분비돼 깊은 잠을 잘 수 있는데 햇볕을 쬐지 않으면 멜라토닌 분비량이 적어 수면장애를 일으킨다는 것이다. 이 같은 이유로 불면증 환자를 치료하는 방법에 '햇볕 치료'가 사용되기도 한다. 수면장애를 앓고 있는 사람이라면 아침에 꼭 20~30분 정도 태양빛을 받도록 하자.

뼈 건강 향상

앞서 말했듯이 우리 몸이 햇빛에 노출되면 비타민 D 분비가 활성화되는데 이 비타민 D에는 뼈에 좋은 칼슘, 인 등이 함유돼 있어 뼈를 더 튼튼하게 만들어 준다. 그리고 햇볕을 30분에서 1시간 정도 쬐면 뼈 건강을 위한 하루 비타민 D 권장 섭취량 400IU를 생산한다. 자외선이 강하지 않은 오전이나 늦은 오후에 가벼운 산책을 즐긴다면 뼈 건강 향상에 도움 될 것이다.

뇌 기능 향상

영국 '캠브리지' 대학교 연구팀이 남녀 1,700명(65세 이상)의 비타민 D 레벨을 측정한 결과 비타민 D 레벨이 낮을 경우 뇌의 인지 기능이 떨어진다는 놀라운 사실을 발견했다. 그리고 간단한 해결책도 제공했다. 바로 햇볕을 쬐는 것이다. 햇빛을 통한 비타민 D 섭취는 기억력과 인지 기능을 담당하는 해마의 신경 세포 성장을 활성화시켜 뇌 기능 향상에도 도움이 된다는 것이다.

면역체계 강화

태양빛은 우리 몸의 면역체계를 강화시키는 데 큰 역할을 한다. 몸이 태양빛에 노출되면 질병과 싸우는 백혈구가 증가해서 감염으로부터 몸을 보호한다는 것이다. 적당한 햇빛 노출은 면역체계에 큰 도움이 되니 낮에 잠깐이라도 밖에 나가 산책을 즐겨라.

알츠하이머 위험성 감소

미국신경학회 학술지 『신경학*Neurology*』에 따르면 비타민 D가 부족하면 알츠하이머 치매를 포함한 모든 형태의 치매에 걸릴 위험이 높다는 연구결과가 나왔다. 비타민 D가 조금 부족한 경우 치매 위험이 50~60퍼센트가 높아지고, 많이 부족한 경우 120퍼센트까지 높아진다는 것이다. 앞서 말했듯 태양열을 받으면 비타민 D가 피부를 통해 체내에 합성되기 때문에 이러한 질병을 막기 위해서라도 햇볕을 쬐는 것이 중요하다.

섬진강을 노래한 어떤 시인은 자연이 푸근하고 자연에 가까이 다가가는 이유를 자연은 '일체의 거부감'이 없기 때문이라고 했다. 우리는 돈을 투자하여 건강을 사려고 노력하면서도 천혜의 혜택은 도외시하는 경향이 만연되어 있다. 이 시간 이후부터는 100세 건강을 위해 우선 '일광욕'을 해보라.

기분 좋아지는 건강뉴스 10가지

세계보건기구의 건강에 대한 정의는 '완전한 신체적・정신적・영적・사회적인 안녕으로서 단순히 질병과 허약이 없는 것만이 아닌 역동적인 상태'를 의미한다. WHO에서 정의하는 건강은 단순히 협의적으로 신체적 건강만 의미하는 것이 아니라 마음, 정신, 영적, 사회적 안녕까지 광의적으로 정의하고 있다.

세계보건기구의 정의처럼 전인적인 건강을 인지하여 예방하고 유지하기를 힘쓰며 치유를 해야 온전한 건강이 유지된다. 신체, 마음, 정신, 영혼, 가정, 사회의 안녕까지 건강의 한 범주임을 알고 모든 영역의 건강을 함께 유지하면 삶의 질이 높아질 수 있을 것이다. 특히 마음이 상한 자의 성격은 자존심이 낮은데 스스로 자존감을 높이는 것이 중요하다. 왜냐하면 자신의 존재가 너무 소중하기 때문이다.

오늘날 사람의 관계와 관계 속에서 지속적으로 좋고 건강한 사이를 유지하려면 나 자신부터 앞에서 정의한 전인적인 건강을 위해 육체, 마음, 정신, 영혼, 환경 등을 잘 관리하고 예방해 가는 것이 중요하다. 이 모든 것이 건강할 때 비로소 온전히 건강한 사람이라고 할 수 있기 때문이다. 한편 '건강염려증'도 있다. 신체 질환이 없는데도 자신의 몸 상태에 대해 실제보다 지나치게 비관적으로 해석하여 스스로 질병에 걸려 있다고 생각하는 정신 질환의 하나이다.

그런데 의외로 건강에 나쁠 것 같지만 잘 활용하면 결과적으로는 좋을 수 있는 것이 있다. 우리가 들으면 기분이 좋아지는 건강 뉴스 10가지를 미국 인터넷 매체 '허핑턴포스트'가 발표한 내용이다.

초콜릿은 건강에 좋다. 달콤한 소식이다! 여러 연구에 따르면 다크 초콜릿을 조금씩 정기적으로 먹으면 건강에 좋다고 한다. 가장 최근 연구에서는 체질량 지수를 낮춰 준다는 사실을 밝혔고 다른 연구들은 뇌졸중, 심장마비, 당뇨 위험을 낮춰 준다고도 발표했다. 단지 칼로리가 높은 것은 당연하므로 카카오 함량 70퍼센트 이상인 것을 먹도록 해야 한다.

알코올도 역시 좋다. 적포도주는 심장에 좋다고 알려져 있지만 다른 알코올들도 '류머티스'성 관절염과 유방암 등의 위험을 낮춰 준다는 사실이 밝혀졌다. 물론 주의할 점은 적당히 마시는 것이다. 남성은 하루 두 잔 정도, 여성은 하루 한 잔이면 된다.

30분 운동이 1시간 운동보다 낫다. '시간이 없다'는 해묵은 핑계로 운동을 빼먹는 사람들에게는 덴마크에서 수행한 소규모 연구 결과에 반색할 만하다. 적당히 뚱뚱한 남성들이 석 달 동안 30분씩 정기적으로 운동한 결과 3.6킬로그램을 감량했는데 한 시간씩 운동한 사람들은 2.7킬로그램밖에 줄지 않았다고 한다. 심지어 20분 만 해도 효과가 있다고 전문가들은 강조한다.

일하다가 꼭 낮잠을 자라. 수면 부족은 사고나 실수를 일으켜 회사에 손해를 끼칠 수 있다. 회사에서 잠깐 눈만 붙여도 생산성이 20퍼센트 뛰어오른다는 즐거운 소식이 있다. 오래 잘 필요도 없이 30분 미만이면 된다.

야외운동은 사고력을 지킨다. 사람들 대부분은 열심히 운동하고 적정 체중을 유지한다. 여러 연구들은 특히 야외운동이 두뇌 건강에 좋다는 결과를 내놓고 있다. 짧게라도 밖에서 신체 활동을 하면 나이 들면서 겪는 기억력 감퇴를 막아 날카로운 사고력을 지닐 수 있게 한다.

휴가는 반드시 가라. 항상 대기하고 있어야 하는 업무 환경에서 휴가를 간다는 것은 낭비로 보일 수 있다. 그러나 그렇게 생각해선 안 된다. 휴가는 사치가 아니라 건강에 대한 투자이다.

적당한 스트레스는 건강에 좋다. 모든 사람들에게는 신경 쓰이는 일이 있다. 그리고 그런 스트레스가 많으면 건강에 나쁘다는 것도 안다. 그러나 마감시간이 정해져 있을 때 처리할 수 있다는 감이 잡히면 안심이 된다. 이렇게 자신의 능력을 발휘하게 하는 정도의 스트레스는 필요하다. 스트레스는 뇌, 근육, 팔다리로 가는 피를 증가시켜 에어로빅 운동과 같은 효과를 준다고 한다.

살을 빼려면 더 먹어라. 살을 빼려면 칼로리는 줄이든가 그만큼 운동을 더해야 한다. 그러나 음식을 올바르게 골라 먹으면 많이 먹어도 몸매를 유지할 수 있다. 과일, 채소, 통곡물 등 섬유질이 풍부한 음식은 빨리 배를 채우고 포만감도 오래 간다.

사랑하고 결혼하면 건강에 좋다. 결혼을 하든 아니하든 사랑을 하면 스트레스가 줄고 건강에도 좋은 영향을 미친다. 우울증을 날릴 수 있고 키스나 포옹을 하면 칼로리도 더 태울 수 있다. 결혼한 사람들은 심장병과 당뇨에 걸릴 확률도 낮아진다.

마법의 약은 역시 웃음이다. 의사는 웃음을 처방해 주지 않는다. 이미 우리가 가지고 있기 때문이다. 배꼽을 잡을 정도로 웃는 웃음은 칼로리를 태우고 피를 잘 돌게 하고 심박동수를 늘리는 것은 물론 심장마비 확률과 혈당치를 낮출 수 있다. 가장 많이 웃는 사람이 바로 가장 오래 사는 사람이다.

100세 건강, '탄탄한 하체'

근육이 멋지게 발달한 노인을 보면 부럽다. 어떻게 저런 몸을 만들었을까 하는 궁금증도 생긴다. 온갖 언론 매체에서도 몸만들기에 대한 정보가 넘쳐나고 있다.

근육을 단련하려면 근육의 특징을 알아야 한다. 근육은 자극하는 근육만 커진다. 예컨대 아령을 든다고 복근이 생기진 않는다. 근육은 1년 내내 동일한 자극만 줘서는 커지지 않는다. 자극을 점진적으로 높여가야 근력과 근지구력을 향상할 수 있다.

근육은 풍선과도 같다. 풍선에 바람을 꽉 채워 넣기는 어렵지만 빠지는 것은 일순간이다. 사용하지 않으면 바로 눈에 띄게 사라진다. 수술 후 1~2주의 회복기간에 운동을 못하는 것만으로도 허벅지 근육은 빠져나간다.

우리가 운동이라고 하면 통상 유산소 운동부터 떠올린다. 의식을 바꿀 필요가 있다. 다이어트에 집착하고 유산소 운동에만 집착해 근육운동을 기피하는 것은 매우 큰 문제이다. 근육은 체내 에너지를 태워 없애는 '공장'같다. 근육은 20대 중반부터 쇠퇴하기 시작해 40대 들어 점차 가속도가 붙는다. 특히 단시간에 힘을 내는 '속근'이 빠르게 약해진다. 나이가 들수록 근육량과 골밀도 감소, 관절 유연성이 떨어지며 회복도 더뎌진다.

특히 신체의 뒤쪽 부분 근육은 대부분 큰 근육인데 운동을 통해 꾸준히 유지하면 비만과 심혈관계 질환 예방 효과도 높다. 등·허리·엉덩이·대퇴이두근 같은 근육이 그것이다. 이런 근육은 일상생활에서 잘 사용하지 않아 빠지기도 쉽다. 큰 근육을 활성화하려면 오랜 시간이 필요하므로 차근차근 단련해야 한다.

목·어깨·허리 통증의 원인도 자주 사용하는 근육과 사용하지 않는 근육 간의 불균형 때문인 경우가 많다. 근육운동은 운동 부하를 설정할 때 최대 중량보다 '최대 반복 횟수'에 초점을 맞춰야 한다. 적어도 8회 이상 반복하라. 최대 근력의 40~60퍼센트 수준이 되도록 설정하는 것이 좋다. 한꺼번에 갑자기 부하를 늘리는 것은 피해야 한다. 하체 근육 강화에 특히 신경을 써야 한다.

첫째 허벅지 근육이다. 근골격계에서 허벅지 근육이 갖는 의미가 큰 것은 그 위치와 기능 때문이다. 허벅지 근육은 아래로는 무릎관절을 구부리고 펴는 기능과 위로는 고관절을 늘리고 수축하는 기능을 한다. 이 과정에서 두 관절, 특히 무릎관절에 작용하는 충격을 완화하는 기능을 한다. 또 신체의 하중이 무릎에 고스란히 전달되지 않도록 최소화한다.

그런데 허벅지 근육이 약해지면 그 자체만으로 무릎에 통증이 생긴다. 허벅지 근육이 제 기능을 못해서이다. 허벅지 근육은 우리의 건강 상태를 좌우하고 질병의 예방 능력을 가늠하는 기준이 되기도 한다. 허벅지 근육을 '건강의 척도'라고 부르는 이유가 여기에 있다.

둘째는 엉덩이 근육이다. 엉덩이는 지방 덩어리라고 생각하는 경우가 많지만, 우리 몸을 구성하는 가장 큰 근육 중 하나이다. 엉덩이 근육은 상반신과 하반신을 연결하고 좌우 균형을 잡아준다. 서 있을 수 있도록 만들고 걸음마다 골반을 바로 세우고 펴게 함으로써 가장 편한 자세로 걸을 수 있게 한다.

엉덩이 근육의 근력이 약해지면 관절질환이 생길 수 있으며 심한 경우 고관절 손상이 발생하기도 한다. 엉덩이 근육이 건강에 미치는 영향은 아주 크다. 건강과 외형적인 아름다움, 즉 두 마리 토끼를 엉덩이 근육 강화로 한꺼번에 잡을 수 있다. 그러나 엉덩이 근육은 나이가 들면서 노화가 진행돼 점점 약해지기 마련이다.

의자보다 좌식생활 문화가 발달한 우리나라의 경우 엉덩이 근육 불균형으로 자세가 변해 골반이 틀어지는 이들이 뜻밖에 많다. 골반이 뒤틀리면 하지 비만, 뱃살, 처진 엉덩이 등의 이상 체형이 나타나고 허리 통증, 생리통 등이 생기는 '온돌 증후군'에 노출될 가능성이 크다.

또 오랜 좌식생활과 호르몬의 변화는 근육량이 감소하는 '근감소증'의 원인이 될 수도 있다. 이는 고관절과 디스크 질환의 발생 위험을 높인다. 허리를 지탱하는 엉덩이 근육이 점점 약해지면 허리가 굽고 뼈와 골밀도도 함께 약해지기 때문이다.

그래서 나이가 들수록 허벅지와 엉덩이 근육을 꼭 단련시켜야 한다. 평소 유산소 운동만 하면 안 된다. 준비운동을 충분히 하고 근육운동, 특히 허벅지와 엉덩이 근육을 꾸준히 단련하여야 100세 건강을 만들어 갈 수 있다. 결국 100세 건강은 '탄탄한 하체'로부터 나온다.

일상음식 중의 '4대 항암제'

암에 걸려 많은 노력과 재산을 탕진하고 회복이 안 되면 저세상으로 가는 경우를 보게 된다. 왜 사람들은 암에 걸릴까. 나이가 들수록 유전자 손상이 심해져 인체의 유전부호를 지닌 DNA와 분자가 손상될 가능성이 크다고 과학자들이 최근 발표했다.

'로런스 리버모어' 국립연구소의 과학자들은 3년간에 걸쳐 신생아에서 채취한 탯줄 혈액과 20대에서 80대에 이르는 조사대상자의 유전자 손상을 비교해 보고 이 같은 결론을 이끌어냈다. 과학자들은 DNA로 구성된 일군의 유전자인 염색체에 색칠을 해 유전자 재배열과 파괴를 쉽게 확인할 수 있었다고 한다.

50세를 기점으로 염색체가 파괴되고 다른 염색체와 결합하는 이른바 염색체 전위轉位 등 유전자 손상이 급격히 증가했다고 한다. 보통 암세포에서 발견되며 많은 과학자들이 몇몇 악성종양을 유발시키는 것으로 믿고 있는 염색체 전위율은 50대 이상의 성인에서 신생아보다 10배 이상 높은 것으로 나타났다.

여기에는 누구든 예외가 있을 수 없다. 부자든 권력자든 가리지 않고 파고든다. 그런데 일상의 음식 중에 암세포가 얼씬도 못하게 하는 4대 항암제가 있다고 한다. 신비롭게도 콩가루, 마늘, 깨, 그리고 양조식초이다. 평소 관심을 갖고 꾸준히 섭취하면 암의 공포에서 얼마든지 벗어날 수 있다고 한다.

콩가루

우리 몸을 구성하는 세포의 수는 무려 60조 개, 이것들의 주성분이 단백질이다. 따라서 단백질을 적게 먹거나 질이 나쁜 것을 먹으면 절대로 건강해질 수 없다. 주지하고 있는 것처럼 콩은 양질의 단백질이 풍부하게 들어있는 식품이다. 따라서 세포를 건강하게 하는 데 일조하고 이는 암의 발생을 근원적으로 차단하는 역할을 한다. 특히 콩에는 '리놀산'이 풍부하게 들어 있어 만병을 예방하는 첨병이 된다. 즉 리놀산은 동물성 지방으로 생긴 핏속 또는 혈관벽에 달라붙어 있는 진득진득한 물질인 콜레스테롤을 녹여 몸 밖으로 몰아내 버리고 혈관을 유연하게 하는 놀라운 작용을 하기 때문이다. 따라서 콩을 많이 먹으면 동맥경화증이나 고혈압뿐만 아니라 만병에 효과가 있다고 한다.

마늘

자연이 준 최고의 양념인 마늘도 항암효과가 월등한 식품 중 군계일학이다. 그동안의 연구 결과 마늘은 암균의 증식을 강력하게 억제해서 초기 치료나 연명에 효과가 뛰어난 것으로 밝혀졌다. 마늘에는 항암작용을 하는 '게르마늄'과 기타 미지의 성분이 들어있기 때문인 것으로 보인다.

깨

고소해서 맛이 좋은 깨도 빼놓을 수 없는 항암제이다. 참깨를 100일 먹으면 모든 병이 완치된다는 말이 있을 정도이다. 깨에 풍부한 식물성 지방 성분인 '리놀산'은 우리 몸의 신경세포를 구성하는 중요한 성분이다. 따라서 이 성분이 부족하면 머리가 나빠지고 신체 각 부위에 병이 생긴다. 특히 리놀산은 피와 살을 맑게 하고 혈관을 청소해 주는 효과가 있다.

식초

새콤한 맛으로 입맛을 사로잡는 식초는 우리 육체를 정화시키는 최고의 식품이다. 우리 몸은 해로운 음식을 먹거나 과식을 하면 몸속에서 부패하여 독을 만들고 병이 생긴다. 식초는 이러한 나쁜 균을 없애 주는 강력한 살균제이다. 따라서 식초는 우리 몸의 피와 살을 깨끗이 하는 정화제이고 신진대사를 원활히 하는 촉진제이며, 자연 치유력을 최고도로 높여 주는 면역촉진제라고 한다.

결국 나이가 들수록 암의 공포에서 이기려는 슬기로운 처방을 많이 찾게 된다. 예컨대 좋은 먹거리, 적절한 운동, 스트레스 예방 등이다. 특히 우리 선조들이 식보라고 하여 챙겨먹는 음식을 중요시한 데도 나름의 이유가 있었다. 평소 소홀히 간과할 수 있는 식습관부터 지혜롭게 챙겨서 암의 공포에서 벗어나라.

'당뇨병 예방'에 좋은 식품 6가지

당뇨병은 절대 빈곤시대에는 거의 없었다. 미국 질병통제예방센터CDC에 따르면 미국인의 사망 원인 7번째가 당뇨병이라고 한다. 당뇨병은 신체 자체가 인슐린을 너무 적게 생산하도록 하여 유발되는 대사질환이다.

여기서 인슐린이란 핏속에서 포도당을 조절해서 에너지로 쓰게 만드는 호르몬이다. 예컨대 건강한 사람은 간과 근육이 포도당을 저장하거나 방출하도록 신호를 보내 조절이 원활히 이뤄진다. 하지만 이러한 인슐린이 만들어지지 못하거나 생산된다 해도 제 기능을 하지 못하면 핏속에 포도당이 높아지게 되는데 이것이 바로 당뇨병이다.

요즘 대부분의 성인에게서 발생하는 이런 유형의 당뇨병을 제2형 당뇨병이라고 한다. 제2형 당뇨병은 잘못된 식습관과 오래 앉아 있는 습관으로 인해 발생하는 경우가 대다수이다. 최근 이와 관련해 미국 인터넷 매체 '치트시트닷컴'이 당뇨병 예방에 좋은 식품 6가지를 발표했다.

당근

당근의 밝은 색깔은 항산화제인 카로티노이드가 풍부하다는 것을 보여준다. 항산화제는 당뇨병을 막는 데 도움이 된다. 미네소타대학교 공중보건대학 연구팀이 4,500여 명을 대상으로 15년간 연구한 결과에 따르면 혈중 '카로티노이드' 수치가 높은 사람들은 당뇨병 위험이 절반으로 줄어드는 것으로 나타났다.

통곡물

밀, 보리, 귀리 따위를 도정하지 않고 겉껍질만 벗긴 상태의 곡물을 통곡물이라고 한다. 이런 통곡물에는 단백질, 섬유소, 비타민 B, 항산화제를 비롯한 각종 영양소와 철, 아연, 구리, 마그네슘 등 미네랄이 풍부하다. 하버드대학교 공중보건대학에 따르면 흰 빵처럼 정제 탄수화물로 만든 식품은 당뇨병 위험을 증가시킨다. 그러나 통곡물에 있는 섬유질과 겨는 소화기관이 곡물을 포도당으로 분해하는 것을 어렵게 만든다. 이 과정이 힘들어질수록 혈당과 인슐린은 서서히 증가하며 이에 따라 신체에 스트레스가 덜 가게 된다. 반면에 흰 빵이나 흰 쌀밥은 혈당을 급격하게 올려 당뇨병 발병 위험을 높이게 된다.

녹색 잎채소

시금치, 케일 등 녹색 잎채소는 채소 중 가장 영양소가 풍부하다. 이런 녹색 잎채소를 많이 섭취할수록 당뇨병 발병 위험이 14퍼센트 낮아진다고 한다. 이런 녹색 잎채소를 정말 먹기 싫으면 대신 브로콜리나 콜리플라워를 섭취해도 좋다.

블루베리

달콤한 것을 즐기지만 당뇨병이 염려되는 사람에게 좋은 과일이 다. 미국 월간잡지 『리더스 다이제스트』에 따르면 블루베리는 용해성이 있는 섬유질과 용해성이 없는 섬유질을 동시에 갖고 있는데 이런 특성 때문에 혈당을 조절하고 혈중 포도당 수치를 낮추는 데 도움이 된다고 한다. 블루베리에는 안토시아닌이라는 색소 배당체가 들어있는데 이 성분은 지방세포를 줄어들게 하는 작용도 한다. 안토시아닌은 혈중 포도당 수치를 조절하는 데 도움이 되는 호르몬을 방출하는 데에도 중요한 역할을 한다.

이 호르몬이 증가하면 혈당이 급격하게 오르는 것을 막기 때문이다.

해바라기 씨

간식으로 먹거나 샐러드 등에 첨가해 먹으면 좋은 해바라기 씨는 당뇨를 퇴치하는 데에도 효과가 있다. 해바라기 씨에는 구리와 비타민E, 셀레늄, 마그네슘, 아연이 풍부하고 당뇨병 예방에 도움이 되는 지방도 들어있다. 건강에 좋은 지방은 당뇨병을 퇴치한다. 또 마그네슘은 혈당 수치를 조절하는 데 도움이 된다.

콩

미국의 콩 연구소에 따르면 콩에는 복합 탄수화물과 섬유질, 단백질이 풍부해 당 지수를 낮추게 한다. 이런 성분들은 소화를 천천히 시켜 혈당을 안정시키는 데 도움이 된다.

100세 건강, '노인의 성'도 적극적으로

중국 '한무제'의 태몽은 태양이 어머니 가슴 속으로 빨려드는 꿈이었다고 한다. 그래서인지 한무제는 태양이 하루도 쉬지 않고 떠오르듯 매일 여자를 품에 안았다는 일화가 있다. 후궁이 2만 명이나 되었던 그는 "밥을 사흘 굶을 수는 있지만 여자는 하루라도 없으면 안 된다"고 큰소리를 쳤다고 한다.

그런데 대부분의 현대 남성들은 한무제와는 달리 부부관계를 '의무방어전'으로 치르는 경우가 많다. 의무방어에 대한 부담은 아내보다 남편이 훨씬 많이 받는다는 통계수치가 있다. 부부관계 시 여성이 받는 신체적 피로가 남성보다 훨씬 적은 동시에 여성의 성적 욕망이 남성보다 강하기 때문이란다.

중세 유럽에는 "하룻밤에 두 번은 남편의 도리이다."라는 규정도 있었다고 한다. 이 규정을 지키는 남성은 사실상 손으로 꼽을 정도여서 당시 여성은 누구나 "식사를 해도 배가 고프다."라고 에둘러 불만을 토로했다는 기록이 있다.

그렇다면 부부관계를 얼마나 자주, 많이 하는 게 이상적일까. 그것은 의학적으로 규정하기는 어렵다는 게 중론이다. 왜냐하면 커플마다 신체조건, 나이, 성적 취향, 금슬 등에 따라 바람직한 빈도는 천양지차이기 때문이다. 일반적으로 말하면 부부관계는 많을수록 건강에 도움이 된다고 한다. 사랑(성)의 심신 건강효과는 다양하기 때문이다.

예컨대 남편이 얻는 효과로는 '사랑하는 부인과 함께했다.'라는 심리적 성취감과 자신감은 물론 성적 흥분 후의 신체적 이완감이 대표적이다.

부부관계 도중에 분비되는 '엔돌핀'은 온종일 상사나 혹은 거래처 갑의 눈치를 받고 귀가한 남편의 몸에 가득 쌓여 있는 스트레스 호르몬을 싹 없애주는 효과가 있다는 것이다.

한편 아내는 부부관계를 통해 월경 이상이 조절되고 신체적으로도 더욱 성숙해지는 이중효과가 있다고 한다. 강추위가 몰아치는 한겨울에 부부관계를 자주 하면 호흡기 질환 예방에도 도움이 된다는 연구수치도 있다. 부부관계 도중에는 '면역글로불린A'가 잘 분비되는데 이 물질은 면역력을 강화시켜 감기나 독감 바이러스의 공격에서 신체를 지켜 준다고 한다.

노년의 성, '사랑의 운동 효과'

할리우드 여배우 '데미 무어'는 신중년의 나이에도 불구하고 20대의 몸매를 자랑할 정도이다. 그는 스스로 '왕성한 성생활'을 좋은 몸매의 비결로 꼽는다. 요즘 들어 성에 대한 인식이 서구화되고 개방적으로 변화된 것은 사실이지만 노년의 성 관념은 아직도 폐쇄적이고 터부시하는 경향이 더 많다. 그런데 '사랑(성) 다이어트' 운운하며 '사랑(성)의 운동효과'를 긍정적으로 표현하는 자료가 있다.

캐나다 과학자들은 할리우드 여배우의 주장에 힘을 실어 주었다. 섹스는 '조깅'만큼은 아니지만 '걷는 것'보다는 칼로리를 더 많이 소비하는 적당한 운동이라는 것이다. 몇 해 전 캐나다 퀘벡대학교 연구진은 남녀 21쌍에게 '센스웨어Sense Wear'라는 에너지 측정 장치를 팔뚝에 달고, 러닝머신에서 30분 달릴 때와 집에서 자연스러운 섹스를 할 때의 에너지 소비량을 측정 비교했다고 한다.

물론 '센스웨어'에는 가속도와 온도, 피부에 흐르는 전류량의 변화를 알 수 있는 센서가 달려 있었다. 섹스시간은 10~57분으로 평균 24.7분이었다. 남성의 한 차례 섹스에서는 평균 101킬로칼로리가 소비됐다. 분당 소비량은 4.2킬로칼로리였다. 반면 러닝머신에서 30분 달리면 276킬로칼로리를 소비해 분당 소비량이 9.2킬로칼로리였다.

한편 여성은 남성보다 칼로리 소비가 적었다. 섹스에서 분당 3.1킬로칼로리로 평균 69킬로칼로리를 소비했다. 러닝머신에서는 분당 7.1킬로칼로리로 213킬로칼로리를 썼다. 퀘벡대학교 연구진은 "실험에서 나온 섹스의 운동효과는 시속 8킬로미터의 조깅보다는 낮았지만 시속 4.8킬로미터로 걷는 것보다는 높았다"면서 간혹 운동을 싫어하는 이들에게 좋은 대안이 될 수도 있을 것이라고 조언했다.

이처럼 과학적인 방법으로 섹스 소비열량을 측정한 것은 처음이었다. 과거 영양이 부족할 수밖에 없었던 절대빈곤시대에는 과도한 섹스는 폐병을 불러올 수 있다는 속설이 있었다. 하지만 영양과잉으로 당뇨병 환자가 날로 늘어나는 요즘 세태에서는 적당한 운동효과를 기대해 볼 수도 있다.

요컨대 노년이 되어도 금슬이 좋은 부부가 건강을 오래 지킬 수 있다는 등식은 충분히 납득이 가는 내용이다. 노년의 성은 과용도 불용도 하지 말아야 하고 희화화해서도 안 된다.

5

'큰바위 얼굴'들이 주는 메아리

산꼭대기에 오르면 행복할 거라 생각하지만 정상에 오른다고 반드시 행복한 건 아니다. 어느 지점에 도착하면 모두 행복해지는 그런 곳은 없다. 나름대로 꿈과 희망을 안고 갈 때 더 행복하다. 위대한 선각자들과 동행을 하다 보면 그들의 훌륭함을 닮아 가고 위대한 삶에 매료되어 크게 감동을 받는다. 금세 '큰 바위 얼굴'들의 주인공이 되어 성취감을 느끼게 되고 스스로 행복의 주인공이 되는 등식이다.

동서양의 문화를 교류시킨 '칭기즈칸'

이 사람에 대한 역사가들의 평가는 극단으로 갈린다. 세계 대부분의 지역에서 인구를 감소시킨 사람, 로마를 뛰어넘는 개방적인 시스템으로 동서양의 문화를 최단시간에 교류시킨 최대제국을 건설한 영웅. 몽골제국의 창시자 칭기즈칸의 이야기다. 어릴 적 이름은 테무친이다.

'단단한 쇠'라는 뜻으로 그의 아버지 '예수게이'가 자기가 죽인 타타르족 맹장 이름을 붙였다. 어머니 '호엘룬'은 메르키트족에게서 납치해온 여성이었다. 나중에 테무친의 아버지는 타타르족에게 독살당하고 테무친의 아내는 메르키트족에게 납치를 당한다.

유목민들은 초원의 어디에서 사느냐가 유목민들의 서열이다. 몽골족이 처음 초원에 등장했을 때 이들은 가장자리에 겨우 발을 붙이고 있는 작은 부족에 불과했다. 이런 몽골족이 100년도 안 되는 사이에 세계에서 가장 넓은 제국을 건설한 것은 경이 그 자체였다.

군대도 겨우 10만 명 정도였다. 이것은 경이를 넘어 기적이었다. 비결은 아무래도 유연성이었다. 그는 이 동네와 싸우며 배운 기술과 무기를 곧바로 저 동네와 싸울 때 써먹었고 저 동네와 싸울 때도 마찬가지였다. 여기서 이 동네는 중국, 저 동네는 유럽이다.

아버지가 죽고 씨족들에게 배신까지 당한 테무친은 유목민으로서는 파격적인 사고의 전환을 갖는다. 씨족보다 동료, 형제보다 전우를 앞세웠다. '누케르'라고 하는 이 동료들은 출신을 따지지 않는 테무친의 조직관리에 끌려 가입한 전사들이다.

칭기즈칸의 근위대였던 이들은 나중에 유럽과 아시아를 뒤흔드는 명장이 된다. 몽골제국의 유럽 침공은 칭기즈칸이 아니라 그의 아들 '오고타이'의 업적이다. 오고타이는 아버지가 박살낸 제국인 호라즘 서쪽이 궁금했다. 그는 우크라이나를 밟고 넘은 뒤 군대를 나누어 폴란드로 북상하고 헝가리로 남하한다.

이를 맞아 싸운 이가 슐레지엔 왕 '하인리히 2세'이다. 백병전이 특기였던 유럽의 철갑 기사들은 바람처럼 달려와 안구에 화살을 박고 가는 몽골 기병의 상대가 되지 못했다. 하인리히 2세는 전사하고 이 전투로 유럽의 기사 시대가 막을 내린다. 몽골제국에서는 왕이 죽으면 공식 일정을 모두 취소하고 수도인 '카라코룸'으로 돌아와야 한다.

오고타이가 죽지 않았다면 유럽의 모든 도시는 폐허가 되었을 것이다. 기병만큼이나 빠른 게 몽골의 정보 전달 시스템이다. 몽골어로 '잠'이라고 부른 이 역참은 제국을 거미줄처럼 연결해 이쪽 끝에서 저쪽 끝까지 소식을 실어 날랐다. 카라코룸에서 부친 편지가 헝가리 부다페스트까지 도착하는 데는 일주일밖에 걸리지 않았다.

이 거미줄은 통신로이자 무역로이기도 했다. 베네치아 상인은 중국에서 고려의 종이를 사다가 이슬람 도시에 팔았다. 서아시아의 천문학과 수학이 동아시아로, 인쇄술과 화약 및 나침반이 중국에서 유럽으로 흘러갔다. 몽골제국의 의미를 야만이나 잔인에만 가둘 수 없는 이유이기도 하다.

몽골의 정복 당시 잔인함은 통치까지 이어지지는 않았다. 몽골제국은 정복지의 취향을 존중했고 결코 무리하게 강요하지도 않았다. 4대 칸인 '뭉케'의 어머니가 독실한 기독교 신자였다는 것과 칭기즈칸이 나라를 세울 때 종교의 자유까지 이미 선포했다. 이렇게 흥미진진한 역사가 칭기즈칸과 몽골제국이지만 대부분이 베일에 가려져 있고 영화로 만들어진 것도 몇 편이 안 된다.

안타깝게도 칭기즈칸은 까막눈이었다. 그래서 그의 어록은 눈이 아니라 마음에 와서 부딪친다.

"집안이 나쁘다고 탓하지 말라. 나는 아홉 살 때 아버지를 잃고 마을에서 쫓겨났다. 작은 나라에서 태어났다고 말하지 말라. 그림자 말고는 친구도 없고 병사는 10만, 백성은 어린애, 노인까지 합쳐도 200만이 되지 않았다. 나를 극복하는 순간 나는 내가 되었다."

노예를 해방한 '에이브러햄 링컨'

 1860년 미합중국의 대통령이 된 사람 에이브러햄 링컨. 노예제도에 반대하여 남북전쟁의 불씨를 키웠고 결국 임기 중에 남부연합이 떨어져 나가 남북전쟁 발발하였다. 단기전으로 끝나리라고 예상했지만 양측 모두에게 막대한 피해를 입힌 채 4년이 지나 1865년 막을 내렸다. 승리는 링컨이 이끄는 북측의 것이었다. 수정헌법 13조에 의해 노예제도는 영구히 폐지되었고 모든 정치적 권력은 남에서 북으로 이양됐다.

 링컨은 1809년 영국에서 일리노이주로 이주해온 가난한 이주민의 아들로 태어났다. 집안이 가난한 까닭에 별다른 정규 교육을 받지 못했지만 그를 사랑했던 어머니의 후원으로 어려서부터 수많은 책을 읽으며 성장했다. 책 한 권을 빌리기 위해 수 킬로미터 떨어진 이웃 마을까지 가야 하는 열악한 환경에서 그는 훗날 "어린 시절에 나의 배움을 자극한 것은 전무했다."라고 술회했다.

 그 당시 교육을 받지 못한 청년이 사회에서 할 수 있는 일이란 그리 많지 않았다. 그는 주로 가게 점원으로 일했으며 한때는 선원으로 배를 타고 미시시피 강을 따라 뉴올리언스까지 가기도 했다. 가게 점원으로 일하면서도 링컨은 늘 책을 가까이하는 성실한 청년이었다. 주변 사람들의 권유로 그는 주의회 선거에 입후보했으나 보기 좋게 낙선했다. 경험도 재력도 학력도 없던 그가 선거전에서 승리하기란 어려운 일이었다.

 선거가 끝난 후 그는 변호사 공부에 몰두하여 불과 2년 만인 1836년, 변호사 시험에 합격했다. 1837년 링컨은 '일리노이' 주의 주도 '스프링필드'로 이사했고 1844년부터는 '윌리엄 H. 헌던'과 함께 일했다. 스프링

필드로 옮겨온 지 몇 년 만에 링컨은 주지사나 순회판사의 연봉보다 많은 연간 약 1,500만 달러의 돈을 벌었다. 링컨은 철도회사, 은행, 금융회사 등 회사와 관련된 소송부터 특허신청, 형사소송까지 모두 다루었다.

20년 후, 그는 정치적 사건을 변론하면서 치밀함과 상식, 소송의 핵심을 꿰뚫어보는 날카로운 안목으로 일약 일리노이 주에서 가장 저명한 변호사 가운데 한 사람이 됐다. 정직함과 공정성으로도 이름이 높았고 1834년부터 1840년까지 일리노이 주의 '휘그당' 의원으로 네 번이나 당선되었다.

당시 노예 문제는 가장 큰 정치적 이슈였으며 이에 대해 링컨과 더글러스는 격렬하게 대립하고 있었다. 더글러스는 준주에는 노예경제가 적합하지 않기 때문에 준주로 노예제가 확대되는 것을 막을 법안을 굳이 제정하지 않아도 된다고 여겼지만, 링컨은 준주에 노예제가 도입되는 것을 적극적으로 막아야 한다고 생각했다. 1858년 그는 더글러스와 맞붙어 일리노이 주 상원의원 선거전에 돌입했다.

이 선거 연설에서 그는 당시 최대의 논점이었던 노예제도에 대한 의견을 당당하고 정확하게 피력했다.

"정부는 반은 노예이고 반은 자유인인 현 체제를 영구히 지탱해 나갈 수는 없다. 이제 선택의 때가 왔다. 모두 노예가 되느냐 아니면 자유인이 되느냐 둘 중 하나를 선택해야 한다."

선거전에서 그는 더글러스에게 패했다. 그러나 이로 인해 전국적으로 주목을 받았으며 1860년 대통령 선거의 후보로 거론되기 시작했다. 그는 미합중국 대통령이 되었다

당시 가장 강력한 정치 세력을 형성하고 있던 계층은 남부의 대농장 지주층이었다. 노예를 부려 대농장을 경영하는 지주층은 미국의 정치계를 장악하고 막대한 권력을 행사했다. 그러나 이들에게 대항하는 신흥

세력이 등장했으니 바로 북부와 동부를 중심으로 형성되기 시작한 산업자본가들이다.

이들이 표면적인 대립양상을 보이게 된 문제는 단연 노예제도였다. 1619년 아프리카 흑인들이 버지니아에 처음 수입되면서부터 만들어진 흑인 노예는 남부의 농장을 운영하는 데 필수 불가결한 노동력이다. 특히 유럽의 산업혁명 이후 갈수록 수요가 증가하는 면을 생산하기 위해서 흑인 노동자가 필요했다.

여기서 한 가지 주목해야 할 것은 북측의 사람들이 모두 노예폐지론에 찬성한 것은 아니라는 점이다. 남부는 노예제도 폐지에 반대하고 북부는 노예제도 폐지에 찬성했기 때문이라는 단순한 구도로 남북전쟁을 파악하곤 하는데 실제 사정은 훨씬 더 복잡하고 미묘했다. 북측에서도 노예제도 폐지를 찬성하는 사람은 많지 않았다.

오히려 노예제 폐지를 주장하다가 봉변을 치르는 일이 많았다. 이런 갈등이 폭발 일보 직전에 이르렀을 때 노예제도를 반대하던 링컨이 대통령에 당선되자 남부는 속속 연방에서의 이탈을 선언하기에 이르렀다. 이들은 따로 아메리카 연방을 구성해 '데이비스'를 남부 지방의 새로운 대통령으로 추대했다.

전쟁은 찰스턴 항구의 섬터 요새에서 남부연합의 발포로 시작되었다. 링컨은 초기까지만 해도 노예제의 완전한 폐지를 주장하지는 않았다. 그러나 노예제도 폐지에 관한 여론이 높아지자 그는 1863년 최종적으로 노예해방령을 발표했다. 노예해방령의 골자는 재정적 보상을 통한 점진적 노예해방이었다. 해방된 노예를 해외로 집단 이주시킬 계획이었다. 그러나 이 대안은 경계주들은 물론 흑인들에게도 거부당했다. 노예들은 해외 이주를 원하지 않았기 때문이다.

결국 남북전쟁에서 승리한 후 링컨은 남북을 통일한 대통령으로 직무를 수행할 수 있게 되었다. 하지만 의회에서는 여전히 여러 의견이 첨예하게 대립했다. 링컨은 타고난 지도력으로 의견을 조율하고 통합하기 위해 노력했다. 그러나 불행히 임기를 다 못 채우고 **1865년 4월 14일** 저녁, 워싱턴의 포드 극장에서 공연을 관람하던 중에 '존 윌크스 부스'에게 저격당해 다음 날 아침 사망했다. 그가 그토록 꿈꿔왔던 미국, 모두가 행복하게 살 수 있는 위대한 미국의 건설은 그 기초 공사만 닦았을 뿐이었다.

퇴임 후에 더욱 빛난 '카터' 대통령

세계 평화를 위해 활발히 활동한 '지미 카터' 미국 전 대통령이 기자회견을 갖고 암이 재발해 뇌로 전이됐다고 했다. 암은 흑색종의 일종으로 간에 있다가 사라진 줄 알았는데 전이된 사실이 확인된 것이다. 자신의 상태를 담담하게 받아들이며 회고했다.

"이제 모든 것이 하나님의 손에 달려있음을 느낀다. 멋진 인생이었고 흥분되고 모험에 가득 찬 감사한 삶이었다."

죽음을 앞두고 평상심을 잃지 않은 카터에 대해 미국 워싱턴포스트는 "품위 있는 전직 대통령의 귀감"이라고 평가했다. '애모리'대학 병원 의료진들이 신약을 투여하면서 치료하고 있지만 고령이어서 완치에 대해서는 비관적이다.

암 투병 사실이 알려진 직후 주일에도 그가 고향 조지아주 마리나타 침례교회에서 직접 가르치고 있는 성경교실에 무려 7백 명의 인파가 몰려 뜨거운 관심을 보여주었다. 그는 대통령 재임 동안 주일을 어긴 적이 없는 대통령으로 잘 알려져 있다.

퇴임 이후에도 주일학교 교사를 맡아 했던 이야기는 독실한 예화로도 자주 전해진다. 그는 집을 지어주는 '해비타트' 운동을 위해 전 세계 곳곳을 찾아다니면서도 주일학교 봉사를 위해 고향교회를 찾았다. 결국 카터 전 대통령은 재임 시절 인기가 높았던 대통령은 아니었다. 재임에도 실패했다. 그러나 퇴임 후 걸어온 길은 다른 지도자의 귀감이 되고 있다.

정치 교과서가 된 '타게 엘란데르' 총리

복지국가인 스웨덴에서 가장 존경받는 정치인이 누군지 물어보면 대답이 한결같다. 1946년부터 23년간 총리를 지낸 '타게 엘란데르' 총리는 재임 중 11번의 선거를 모두 승리로 이끌었고 마지막 선거에서는 스웨덴 선거 사상 처음으로 과반을 넘는 득표율로 재집권한 바 있다. 그 후엔 후계자에게 자리를 넘겨주고 떠난 인물이다. 민주주의 국가에서 20여 년의 장기집권이 가능하도록 스웨덴 국민들이 신뢰를 보낸 이유가 무엇일까.

첫째, 대화와 타협이었다.

'타게 엘란데르'는 청년시절 급진주의 활동을 한 좌파 정치인이었다. 그래서 총리로 선출되었을 때 왕과 국민들은 많은 걱정을 했고 특히 노사분규로 힘들어하던 경영자들의 거부감은 대단했다. 취임 후 그의 행보는 전혀 달랐다. 야당인사를 내각에 참여시키고 경영자에게 손을 내밀어 대화를 한 후 노조대표와 함께 3자회의로 노사문제를 해결했다. 대화정치를 상징하는 것이 바로 '목요회의'였다. 매주 목요일 스톡홀름에서 차로 2시간 거리에 있는 총리별장에 정·재계와 노조 인사를 초대해 저녁식사를 하며 대화를 나눴다. 국회의원, 지방의원, 경총, 노총 대표 등 안 가본 사람이 없을 정도로 유명했다. 목요회의가 성공한 것은 보여주기식 대화가 아닌, 상대의 의견을 경청하고 문제해결을 위해 노력하는 진정성 때문에 가능했다. 국민을 행복하게 만든 복지제도도 대화정치 덕분에 가능했다.

둘째, 검소한 삶이었다.

스톡홀름 남쪽 '린셰핑'이라는 작은 도시가 있다. 그곳에는 '타게 엘란데르'의 아들부부가 살았다. 아들은 대학총장을 역임한 후 아버지가 살아온 길을 책으로 발간했다. 부부가 들려주는 부모님의 이야기는 동화 속의 이야기처럼 감동의 연속이다. '타게 엘란데르'는 최고 권력자이지만 누구보다도 검소하게 살았다. 총리시절에도 이십 년이 넘은 외투를 입고 신발도 구두 밑창을 갈아가며 오래도록 신었다. 검소함은 부인도 똑같다. 집권 23년 동안 국회 개원식에 참석하기 위해 입던 옷은 단 한 벌, 아들 부부는 부모님이 국민을 생각하는 것이 더 중요하다고 말씀했다면서 검소함은 두 분 삶의 전부라고 자랑스러워했다.

셋째, 특권 없는 삶이었다.

"부모님은 총리시절에도 관저 대신 임대주택에서 월세를 내고 살았다. 출퇴근도 관용차 대신 어머니가 직접 운전하는 차를 이용했다." 임대주택은 자신의 재임시절 서민을 위해 지은 아파트이다. 그는 특권을 버리고 국민의 삶속으로 들어와 친구처럼 다정한 이웃처럼 지냈다. 1968년 국민들은 다시 한 번 깜짝 놀랐다. '타게 엘란데르'가 총리를 그만둔 후 거처할 집이 없다는 사실을 알았기 때문이다. 당원들이 급히 돈을 모아 집을 마련했다. 스톡홀름에서 차로 2시간 거리에 있는 '봄메쉬빅'이라는 한적한 시골마을이었다. 부부는 마을 호숫가 옆 작은 주택에서 16년을 살았다. 그런데 총리시절보다 더 많은 사람들이 찾아왔다. 재미있는 사실은 지지자보다 반대편에 섰던 사람이 더 많았다.

넷째, 정직한 삶이었다.

아들부부가 또 다른 일화를 소개했다. 어머니 '아이나 안데르손' 이야기이다. 그녀는 고등학교 화학교사로 총리시절에도 학교에서 아이들을 가르치는 평범한 삶을 살았다. '타게 엘란데르'가 퇴임한 후 어느 날, 부인이 정부부처 장관을 찾아갔다. 그녀의 손에는 한 뭉치의 볼펜자루가 들려 있었다. 장관이 반갑게 인사하며 방문 이유를 묻자 볼펜자루를 전해 줬다.

결국 '타게 엘란데르'는 떠났지만 23년 동안 국민을 위한 그의 헌신은 스웨덴 정치 교과서로 자리 잡았다. 세계 최고의 행복한 나라로 만든 원동력이 됐다. 경청, 겸손, 공감, 봉사의 삶 등 이것이 원칙과 상식사회를 만드는 비결이었다.

통 큰 용서를 실천한 '넬슨 만델라' 대통령

넬슨 만델라는 남아프리카 공화국에서 평등선거 실시 후 최초의 대통령이 된 사람이다. 아프리카 민족회의ANC 지도자로 '반아파르트헤이트' 운동을 전개하다가 투옥되어 26년을 감옥에서 지냈다. 세계 인권운동의 상징이 되었으며 대통령이 된 후 진실과 화해위원회를 설치하여 과거사를 청산하고, 흑백갈등이 없는 국가를 세우기 위해 노력했다.

아프리카 대부분의 국가들이 그렇듯이 남아프리카 공화국 역시 근대에 백인들이 이주하면서 세계사에 편입되기 시작했다. 백인들은 아프리카의 풍부한 금과 다이아몬드 등을 채굴하기 위해 이주했고 흑인 원주민들을 노예로 부렸다. 채굴활동을 통한 이익은 백인들만이 취했을 뿐 흑인들에게는 돌아가지 않았으며, 오히려 같은 일을 하고도 흑인들은 백인에 비해 4~10배나 차이가 나는 낮은 임금을 받았다.

1945년 이후 '아파르트헤이트'라고 불리는 남아프리카 공화국의 인종차별은 종교적·법적으로 정당화됐다. 우선 백인 신도들이 대부분인 네덜란드 개혁 교회DRC에서는 성서를 문자적으로 해석하여 아파르트헤이트를 통한 인종차별을 정당화했다. 이를테면 바벨탑 일화에 대해 바벨탑을 쌓은 인간들이 야훼의 징벌로 흩어졌으니 인종분리정책으로 흑인, 아시아계 등의 유색인종들을 차별하는 것은 당연하다고 해석했다.

이런 국가적 상황에서 '넬슨 만델라'는 1918년 '트란스케이 움타타'에서 코사 어를 쓰는 템부 족 추장의 아들로 태어났다. 1942년 '버트바터스란트' 대학에서 법률 학위를 취득하고 동료인 '올리버 탐보'와 변호사 사무실을 열었다. 얼마 후 이 두 사람의 모임은 해체되었다. 당시 젊은 지도

자들을 주축으로 재건된 아프리카 민족회의의 청년연맹이 손을 내밀었다. 두 사람은 기꺼이 연맹에 참여했다.

하지만 1949년 이들은 당의 온건 지도부를 차례로 축출하고 더 격렬하게 정부에 대한 반대운동을 시작했다. ANC는 비폭력 저항운동과 파업, 탄원 및 시위행진을 후원하여 경찰에 체포되거나 집요하게 시달렸다. 제2차 세계대전이 끝날 무렵 ANC는 흑인의 신분증명서 소지를 의무화한 법률에 반대하여 강력한 저항운동을 시작했고, 1948년 선거에서 국민당이 아파르트헤이트와 백인우월주의를 내세워 승리를 거두자 ANC 회원은 급격히 늘어나 1952년에는 10만 명을 헤아리게 되었다.

1956년 그는 결국 반역죄로 기소되었으나 1961년 무죄로 풀려났다. 그리고 부인과 이혼하고 '놈자모 위니프레드'(위니 만델라)와 재혼했다. 1960년 '샤프빌'에서 경찰에 의해 무장하지 않은 일반 군중들이 살해당하고 ANC 활동이 탄압을 받자 만델라는 그때까지의 비폭력 노선을 포기했다. 그리고 대정부 사보타주를 역설하여 경찰에 체포되어 투옥됐다.

1962년 5년형을 선고받고 투옥 중인 만델라를 비롯한 ANC 동료들을 사보타주, 국가반역죄로 소추한 재판이 이어졌다. 국민의당 창당을 이끌었던 만델라는 기소 내용의 일부를 시인했고 1964년 6월 11일 종신형을 선고받았다. 그리고 1964년부터 약 18년간 케이프타운의 '로번' 섬 교도소에 수감되었고 이후 중죄수들이 들어가는 '폴스무어' 교도소로 이감되었다.

하지만 만델라는 실의에 빠지는 대신 교도소 내에서도 흑인 죄수들의 인권을 위해 단식투쟁도 불사했다. 제대로 먹을 것도 주지 않는 열악한 환경에서도 공부를 하고 동료 죄수들을 교육시켰다. 외부 동지들과 연락을 취하면서 회고록을 썼다. 만델라의 투쟁은 남아프리카 공화국에 있어서 하나의 위대한 변환점이 되었다.

만델라의 투쟁을 통해 국제 사회는 비로소 남아프리카 공화국의 인권 문제에 관심을 기울이게 되었고 만델라는 국제 사회에서 인권운동의 상징으로 급부상했다. 1990년 2월 11일, '클레르크' 정부는 만델라를 석방했다. 만델라는 그해 7월 ANC 의장으로 취임했고 클레르크 총리와 긴밀한 관계를 맺고 인종차별을 불식할 민주헌법을 제정했으며 국가의 점진적 변화를 통한 안정을 도모했다.

1993년 남아프리카 공화국의 안정화와 인권운동에 대한 공로로 만델라와 클레르크가 공동으로 노벨 평화상을 수상했다. 1994년 4월에는 남아프리카 공화국에서 최초로 다민족 총선거가 실시되었다. 이 선거로 만델라는 평등선거가 실시된 후 최초로 대통령으로 선출되었다.

그는 아파르트헤이트 시절에 일어난 인권침해 사례를 조사하고 과거사를 청산하기 위해 진실과 화해위원회를 설치했다. '용서는 하되, 망각하지는 않는다.'라는 취지로 발족된 위원회에서는 흑인들의 인종차별 반대투쟁을 화형, 총살 등 잔악한 방법으로 탄압한 국가폭력 가해자가 진심으로 죄를 뉘우치면 사면하였으며 경제적인 보상을 해주기도 했다.

또 피해자 가족들의 요청에 따라 피해자의 무덤에 비석을 세워줌으로써 아파르트헤이트 시절의 국가폭력 피해자들이 잊히는 일이 없도록 하였다. 만델라는 흑인들의 생활수준을 향상시키기 위해 주택, 교육, 경제개발계획도 도입했다. 그는 1999년 임기를 마치고 그해 6월 정계에서 은퇴했다.

만델라의 포용적 정치 업적을 정치지도자들이 타산지석으로 삼았으면 좋겠다.

무릎 사죄한 '하토야마' 총리

'하토야마 유키오' 전 일본 총리가 2015년 8월 서울 서대문형무소 역사관을 방문한 뒤 서대문구에 3만 엔(한화 약 29만 원)을 전달한 사실이 뒤늦게 알려졌다. 하토야마 총리는 그날 저녁 "화환 등 나를 맞이하는 데 쓴 비용 일부를 내가 부담 하겠다."라며 봉투에 1만 엔권 지폐 3장과 자신의 명함을 넣어 동행했던 이부영 전 의원을 통해 서대문구에 전달했다.

서대문구 측은 이 돈을 뜻깊게 쓴다는 차원에서 유관순 기념사업회에 전달했다. 서대문구 관계자는 "큰돈은 아니지만 서대문형무소 역사관을 찾아 사과 메시지를 전달한 하토야마 전 총리의 행동에 진심이 담겨 있다는 것을 엿볼 수 있었다"며 "이 돈은 서대문형무소에 수감됐던 유관순 열사를 기념하는 사업에 사용하는 것이 가장 바람직하다고 판단했다"고 밝혔다.

하토야마 전 총리는 당시 순국선열 추모비 앞에서 서대문구가 준비한 검은색 천을 깔고 무릎을 꿇었고, 두 손 모아 10초간 묵념하고 큰절을 올렸다. 이어 국내 취재진과의 인터뷰에서 그는 "한국인 선조들이 독립을 위해 힘쓰다가 고문 등 가혹한 처사로 목숨을 잃었다는 것에 깊이 사죄하며 무거운 마음으로 여기 서 있다."라고 했다.

서대문구 관계자는 "사과의 마음을 담아 이곳을 찾는 의식 있는 일본인이 많다."며 특히 하토야마 전 총리 방문 이후로 일본인 방문이 더 늘어나는 분위기라고 말했다.

성녀, '테레사' 수녀

어느 날 테레사 수녀는 한 노인의 집을 방문했다. 그러나 그곳은 집이라기보다 움막이라고 해야 좋을 그런 형편없는 곳이었다. 방문을 열고 들어서자 역겨운 냄새가 코를 찔렀다. 온통 먼지투성이에다 이불이나 옷가지들은 몇 년 전에 빨았는지 알 수조차 없었다. 그런 헛간 같은 방에서 노인은 어쩌면 조금씩 죽어가고 있었다.

테레사 수녀가 노인에게 말했다.

"제가 방을 치워 드리죠."

노인은 대답도 하지 않은 채 멀뚱히 바라만 보고 있었다. 테레사 수녀는 당장 일을 시작했다. 바닥을 쓸어내고 먼지를 털어냈다. 옷가지는 빨아 널고 더러운 곳은 모두 소독했다. 그렇게 청소를 하다가 테레사는 구석에서 먼지에 뒤덮인 조그만 낡은 등을 하나 발견하고 물었다. "이 등은 뭐죠?"

그는 답했다.

"손님이 오면 켜는 등이라오."

테레사는 등을 닦으면서 노인에게 다시 물었다.

"별로 켤 일이 없는 모양이죠?"

그러자 답했다.

"몇 년 동안 한 번도 켜지 않았소. 누가 죽어가는 늙은이를 만나러 오겠소."

노인은 가족도 없이 또 찾아오는 사람도 하나 없이 그렇게 쓸쓸히 살아왔던 것이다. 노인은 먹을 것보다 사람이 더 그리운 듯했다.

이윽고 테레사가 말했다.

"제가 자주 오겠어요. 그러면 저를 위해 등불을 켜주시겠죠?"

"물론 켜고말고요. 오기만 한다면 말이오."

그 후 테레사는 자주 그 노인의 집에 가서 봉사활동을 했다. 자신이 가지 못할 때는 동료 수녀를 대신 보냈다. 이제 노인의 방에는 거의 매일 등불이 켜져 있었다.

노인은 더 이상 쓸쓸하지 않았다. 늘 찾아와 집안일도 해주고 이야기도 해주는 테레사 수녀와 동료 수녀들이 너무도 고마웠다. 그로부터 2년 후 노인은 편안히 죽었다. 노인은 죽으면서 마침 곁에 있던 어떤 수녀에게 이렇게 말했다.

"테레사 수녀에게 전해 주시구려. 테레사 수녀는 내 인생에 등불을 켜준 사람이라고."

세상을 살면서 누군가의 등불이 되어 준다는 것, 이보다 아름답고 고귀한 삶이 있을까. 참으로 의미 있는 일 아니겠나. 다른 이를 행복하게 하는 것은 향수를 뿌리는 것과 같다. 왜냐하면 뿌릴 때 자신에게도 몇 방울은 튀기 때문이다. 내가 행복하기 위해서는 옆에 있는 다른 사람도 행복해야 한다. 다른 사람과 상관없이 나만의 행복이란 존재하지 않기 때문이다.

어쩌면 하나님 나라의 원리는 강한 자가 자기보다 약한 자를 도우며 함께 사는 세상을 만드는 것이다. 약점을 들추어내어 비난하는 것이 아니라 서로 약점을 감당하며 좋게 가려 주는 것이다. 상대의 약점을 감당하며 섬기는 것이 나의 삶을 풍요롭게 하는 것이며 동시에 내가 속한 공동체를 한층 더 아름답게 만들어 나가는 길이다. 어느 곳 어떤 자리에서든지 테레사 수녀의 등불이 되기를 소망해 본다.

통 큰 기부자가 된 '마크 저커버그'

페이스북의 창업자인 '마크 저커버그'와 소아과 전문의인 아내 '프리실라 챈' 부부가 우리 돈 52조 원 이상의 재산을 조건 없이 대부분 사회에 기부하겠다고 밝혀 화제가 됐다.

그는 자신의 페이스북 계정에 최근 얻은 딸을 안고 있는 사진과 딸 맥스Max에게 보내는 편지를 공개하면서 "세상을 더 좋은 곳으로 만들기 위해 노력하겠다."라며 '챈 저커버그 이니셔티브'를 설립해 페이스북 지분 중 99퍼센트를 이 단체에 기부하겠다고 밝혔다. 페이스북 지분 99퍼센트는 시가로 따져 450억 달러(약 52조 1,100억 원)의 엄청난 규모이다.

이 편지를 통하여 저커버그 부부는 "모든 부모들처럼 우리도 네가 지금보다 더 나은 세상에서 자라기를 바란다. 더 좋은 세상을 만들기 위해 노력하겠다."라며 기부 동기를 설명했다. 또 "사람들이 잠재력을 실현하도록 돕고 평등을 장려해야 한다."면서 "너를 사랑해서이기도 하지만 다음 세대 모든 어린이들을 위한 도덕적 의무이기도 하다."고 감동적인 말을 했다. 당연히 세계의 명사들은 저커버그 부부가 30대 초반의 젊은 나이임에도 불구하고 이런 큰 결심을 하게 된 데에 크나큰 찬사를 쏟아냈다. 마이크로소프트MS 창업자인 빌 게이츠의 아내 멜린다는 "당신들이 보인 모범은 우리와 전 세계에 영감이 될 것"이라며 "맥스와 오늘 태어난 모든 아이는 더 나은 세계에서 자라날 것"이라고 칭송을 했다.

역시 거액의 재산 기부를 약속한 '마이클 블룸버그' 전 뉴욕시장도 "저커버그의 결정은 사회공헌에서는 30대가 새로운 70대임을 보여준다."라고 극찬을 아끼지 않았다.

역발상의 기업인 '정주영' 회장

1970년 5월 초 어느 날 밤, 정주영 회장은 청와대 뒤뜰에서 박정희 대통령과 함께 앉아 있었다. 무거운 침묵이 오랜 시간 흘렀다. 박대통령이 막걸리 한 사발을 들이켜고 담배를 하나 피워 물더니 정회장에게도 한 대를 권했다. 정회장은 원래 담배를 피우지 않았으나 그날은 담배를 피우지 않는다고 할 분위기가 아니었다. 원래 과묵한 박대통령이지만 이날은 더욱 말이 없이 시간만 흘렀다.

정회장은 박대통령이 불을 붙여준 담배를 뻐끔뻐끔 피우고 있는데 드디어 박대통령이 입을 열었다.

"대통령과 경제 총수인 부총리가 적극 지원하겠다는데 그거 하나 못하겠다고 여기서 체념하고 포기를 해요? 어떻게 하든 해내야지 임자는 하면 된다는 불굴의 투사 아니오."

실은 정회장도 조선소를 한번 해보고 싶다는 생각을 했었다.

제반 여건상 지금은 아니고 나중의 일이었지만 대통령은 그에게 시간을 주지 않고 압박 아닌 압박을 하고 있었다. 이유는 있다. 곧 포항제철이 완공되는 때였다. 그러니까 포항제철에서 생산되는 철을 대량으로 소비해줄 산업이 필요했던 것이다. 당시 김학렬 경제부총리는 먼저 삼성 이병철에게 조선 사업을 권유한 상태였다.

정회장은 삼성 이병철 회장에게 거절당한 뒤 자신에게 화살이 날아왔다는 것도 알고 있었다. 정회장은 그날 박대통령에게 승낙을 하고 말았다. 그는 결심했다.

"각하의 뜻에 따라 제가 한번 해보겠습니다."

'그래 한번 해보는 거야. 못할 것도 없지! 그까짓 철판으로 만든 큰 탱크를 바다에 띄우고 동력으로 달리는 게 배지 뭐, 배가 별건가?'

어렵고 힘든 일에 부딪치면 쉽고 단순하게 생각하는 정회장의 특기가 발휘되는 순간이었다. 정회장은 조선업자로 조선소 건설을 생각한 게 아니라 건설업자로서 조선소 건설을 생각한 것이다. 배를 큰 탱크로 생각하고 정유공장 세울 때처럼 도면대로 철판을 잘라서 용접을 하면 되고 배의 내부 기계는 건물에 장치를 설계대로 앉히듯이 도면대로 제자리에 설치하면 된다고 여긴 것이다.

당시에는 우리나라에 조선소를 지을 만한 돈이 없었다. 대형 조선소를 지으려면 해외에서 차관을 들여와야 하는데 해외에서 차관 얻기란 하늘에서 별 따기였다. 그래서 일본에도 가고 미국에서 갔다. 그렇지만 아무도 정회장을 상대해 주지 않았다. 오히려 미친놈 취급만 당하고 말았다.

"너희 같은 후진국에서 무슨 몇 십만 톤의 배를 만들고 조선소를 지을 수 있느냐?" 식이었다.

좀처럼 화를 내지 않는 정회장이었지만 속으로 울화가 치밀면서 약이 바짝 올랐다. 그때부터 '하면 된다'는 모험심이 발동하기 시작했다.

'안 된다고? 그래 누가 이기나 한번 해보는 거야! 하늘이 무너져도 솟아날 구멍이 있다는데.'

당장 필요한 건 돈이다. 해외에서 차관을 얻으려면 3번에 걸친 관문을 뛰어넘어야 했다. 일본과 미국에서 외면당한 정회장은 영국 은행의 문을 두드리기로 했다.

그러나 영국 은행 바클레이즈와 협상을 벌였으나 신통한 반응을 얻을 수 없었다. 우선 돈을 빌리기 위해서는 영국식 사업계획서와 추천서가 필요했다. 그래서 정회장은 1971년 영국 선박 컨설턴트 기업인 A&P 애플도어에 사업계획서와 추천서를 의뢰했다. 타당성 있는 사업계획서와 추천서가 있어야 은행에서 돈을 빌릴 수 있기 때문이었다.

얼마 후 사업계획서는 만들어졌지만 추천서는 해줄 수 없다는 거였다. 정회장은 영국의 유명한 조선회사 A&P 애플도어 회장의 추천서를 받기 위해 직접 런던으로 날아갔다. 그에게는 조선소를 지을 울산 미포만의 황량한 모래사장을 찍은 흑백사진 한 장이 전부였다. 런던에 도착하여 일주일 만에 A&P 애플도어의 '찰스 롱바톰' 회장을 어렵게 만났다.

롱바톰 회장은 의자를 당겨 앉으며 앞서 정회장이 역발상으로 제시한 한국 지폐를 들고 꼼꼼히 살펴보기 시작했다. 앞면에는 한국의 국보 1호인 숭례문이 있고 뒷면에는 바다에 떠있는 배가 그려져 있었다. 그 모습이 거북이와 많이 닮았다.

"정말 당신네 선조들이 실제로 이 배를 만들어 전쟁에서 사용했다는 말입니까?"

"그렇고말고요. 우리나라 이순신 장군이 만든 배입니다. 한국은 그런 대단한 역사와 두뇌를 가진 나라입니다. 불행히도 산업화가 늦어졌고 그로 인해 좋은 아이디어가 묻혀 있었지만 잠재력만은 대단한 나라입니다. 우리 현대도 자금만 확보된다면 훌륭한 조선소와 최고의 배를 만들어낼 것입니다. 회장님! 바클레이즈 은행에 추천서를 보내주십시오."

정회장은 조금도 기죽지 않고 당당한 태도로 롱바톰 회장을 설득했다. 롱바톰 회장은 잠시 생각한 뒤 지폐를 내려놓으며 손을 내밀었다.

"당신은 정말 훌륭한 조상을 두었소. 당신은 당신네 조상들에게 감사해야 할 겁니다."

롱바톰 회장의 얼굴에 어느새 환한 미소가 번졌다.

"거북선도 대단하지만 당신도 정말 대단한 사람이오. 당신이 정말 좋은 배를 만들기를 응원하겠소!"

그러면서 롱바톰 회장은 얼굴에 환한 미소와 함께 축하 악수를 청하고 있었다.

　수많은 프레젠테이션과 완벽하게 만든 보고서에도 'NO'를 외쳤던 롱바톰 회장의 마음을 움직인 것은 바로 500원짜리 지폐 한 장이었다. 이는 정회장의 번뜩이는 기지의 산물이다. 그날 롱바톰 회장은 현대건설이 고리원자력발전소를 시공하고 있고 발전계통이나 정유공장 건설에 풍부한 경험도 있어 대형 조선소를 지어 큰 배를 만들 능력이 충분하다는 추천서를 바클레이즈 은행에 보내주었다.

　결국 정회장의 기지로 첫 번째 관문이 통과되는 순간이다. 그 외에도 여러 관문을 통과 후 마지막 관문까지 넘어섰다. 정말 불가능을 가능으로 만든 신화적인 이야기다. 그 뒤부터 정주영 회장은 자신의 부하직원이 어렵다고 하면 "해보기나 했어?"라는 유행어를 만들어 냈다고 한다.

6
일상의 작은 행복

일상의 작은 행복 중에는 여행과 먹거리, 영화감상을 빼놓을 수 없다. 여기 저자가 경험한 여행, 음식, 영화 몇 편을 소개하고자 한다. 이것들은 전부가 아니고 맛보기에 불과하다. 보다 큰 행복의 추구는 각자의 몫이고 마음먹기에 달렸다.

유럽 최고의 여행지 '스페인'

은퇴 후 스페인을 여행한 적이 있다. 스페인은 기원전 1000년경에 켈트족이, 2세기 후에는 페니키아와 그리스인이 이주하여 정착하였다. 기원전 3세기에는 카르타고인에게 점령당했다가 로마제국에 합병되기도 했다.

7세기 초에는 무어족의 수중에 들어가기도 했다. 15세기에 들어와 독립국가를 이룬다. 16세기 초부터 17세기 초 사이에는 세계를 제패하고 해가 지지 않는 대제국을 건설하지만 1588년 무적함대가 영국에 패배하면서 국세가 현저히 쇠약해졌다. 19세기에 들어 나폴레옹 1세의 침입과 중남미 식민제국의 독립 등으로 그 몰락은 가속화되었다.

그 후 쿠데타를 통해 집권한 프랑코는 총통으로서 정당부재의 일인독재정치를 계속해 왔으나 1975년 11월 그가 죽자 입헌군주제로 복귀하여 황태자가 국왕에 즉위하였다. 1978년 12월 29일 스페인 민주체제 확립을 규정한 신헌법을 국민투표로 승인하였으며 현재 국회는 상하양원제를 채택하고 있다. 특히 역사 속 문화의 대충돌인 레콩키스타Reconquista는 대략 718년부터 1492년까지 진행되었다.

이는 약 7세기 반에 걸쳐서 이베리아 반도 '북부의 로마 가톨릭 왕국'들이 이베리아 반도 '남부의 이슬람 국가'를 축출하고 이베리아 반도를 회복하는 일련의 과정을 말하는 큰 사건이다. 현재는 90퍼센트 이상이 가톨릭을 국교로 믿는 나라이지만 과거 이슬람이 지배한 문화도 공존하는 특이한 국가이다.

그래서 스페인은 유럽인들이 가장 가고 싶은 여행지 중의 하나가 되었다. 도시마다 이색적 풍경이 펼쳐진다. 남부 안달루시아 지역은 유럽 속 이슬람 문화를 느끼게 한다. 남동부 도시 그라나다에는 이슬람 건축 최대 걸작으로 꼽히는 '알람브라 궁전'도 있다. 13~14세기 이슬람 나스라 왕조 때 건축물이다. 기하학 문양의 정교한 조각과 섬세한 정원 양식은 탐미의 극치를 보여주고 있다.

남부 코르도바의 메스키타 대사원은 이슬람과 가톨릭 양식이 공존한다. 세계 3대 성당 중 하나인 세비야 대성당 그리고 스페인 가톨릭의 총본산인 톨레도 대사원 등 도시마다 볼거리가 풍성한 편이다. 과거와 달리 '꽃보다 할배' 방영 후 우리나라 여행객이 폭증하여 작년에는 제일 많은 숫자를 기록한 국가가 되었다.

한편 육지에 둘러싸인 바다라는데 푸른빛 지중해가 한눈에 들어오는 곳이 있는데 스페인 바르셀로나 '구엘 공원'이다. 천재건축가 '안토니 가우디'를 후원했던 구엘 백작은 바다가 내려다보이는 언덕에 가장 이상적인 전원도시를 건설하고자 했다. 가우디는 1900년부터 15년간 공사를 진행했는데 그의 원대한 꿈은 미완성으로 끝난 상태였다.

그러나 특이한 곡선의 건축물로서 나선형 계단, 나무를 닮은 기둥 등 갖가지 빛깔 타일 장식이 거장의 손길을 느끼게 했다. 이 바닷가 도시의 랜드마크인 '성가족 성당' 역시 가우디의 미완성 대작이다. 40년간 건축에 매달려 높이 100미터가 넘는 웅장한 건축을 지상에 세워놓았다. 1953년부터 건축을 재개해 가우디 사후 100년이 되는 2026년 완공할 예정이란다.

또 맛있는 음식도 빼놓을 수 없다. 카탈루냐, 안달루시아, 바스크, 발렌시아 등 지역색이 두드러진 독특한 음식을 맛볼 수 있다. 돼지 뒷다리를 숙성시킨 하몽, 볶음밥 일종인 '파에야' 등이 미각을 자극한다. 풍부한 올리브유와 포도주를 곁들여 먹게 되면 환상적인 궁합이다. 첨단 유행과 패션에서도 빠지지 않는다. 마드리드의 '그랑비아', 바르셀로나 '람브라스' 거리에는 150년 전통의 패션 브랜드 '로에베', 액세서리 전문 브랜드 '토스' 같은 유명 브랜드가 모여 있었다. 질 좋은 가죽 제품도 비싸지 않은 값에 살 수 있다.

그러나 옥에 티가 있듯이 여기도 예외가 아니었다. 가는 곳마다 소매치기를 걱정해야 했다. 귀중품은 물론 여권, 현금 등을 털리기 일보직전이다. 그래서 여행 가이드의 말에 의하면 나의 여행가방을 뒤에 매면 남의 것, 옆에 매면 절반만 나의 것, 앞에 매고 손을 얹고 있어야 나의 물건이다. 과거 선진국이었고 현재도 우리나라 수준의 국민소득을 보장받는 나라이다. 특히 특단의 조치를 구현함으로써 마음 놓고 여행할 수 있는 환경 업그레이드가 요구되는 나라이기도 했다.

근대 투우 발상지 '론다'

동기생 일곱 쌍이 '모로코'를 경유하여 배로 지중해를 횡단, '리베리아' 반도를 찾았다. '여즐모'(여행을 즐기는 모임)라고 부른다. 스페인 하면 대표적인 투우의 나라로 알았고 가게 되면 투우만은 보고 오리라 마음을 먹었다. 그런데 오판이었다. 요즘 투우는 사양길로 접어들어 일부지역에서만 볼 수 있는 묘기일 뿐이다. 여행을 기획하는 여행사 선택 관광에도 배제된 상태이다.

헤밍웨이는 스페인 말라가주의 '론다'를 '연인과 로맨틱한 시간을 보내기 가장 좋은 곳'이라 예찬했다. 120미터 깊이의 타호 협곡 위에 조성된 론다는 깎아지른 절벽의 어깨 위에 새하얀 집들이 얹혀 있었다. 아찔한 절벽 마을 론다에 낭만을 더하는 존재는 협곡 위에 세운 '누에보 다리'이다. 신시가와 구시가를 잇는 이 아치형 다리는 18세기 말 42년에 걸쳐 벽돌을 한 장 한 장 쌓아 올린 끝에 완성됐다고 했다.

론다는 스페인 근대 투우의 발상지다. 스페인에서 가장 오래된 투우장도 이곳에 있다. 신고전주의 양식 건축으로 스페인의 투우장 중 가장 아름답기로 손꼽힌다. 요즘은 연중행사로 9월 둘째 주에만 열린다고 한다. 경기가 열리면, '아피시오나도'가 몰려와 관중석 6,000석을 가득 채운다고 한다. 열정이란 뜻의 스페인어, '아피시온'에서 파생된 단어 '아피시오나도'란 투우에 열정을 보이는 사람을 말한다.

투우장 앞에는 18세기 근대 투우의 창시자 '프란치스코 로메로'의 동상이 서있다. 론다 출신인 그는 '물레타muleta'를 고안하며 투우를 예술로 승화시켰다고 평가받는다. 투우사가 황소를 자극해 체력을 소비시킨 뒤 최후의 일격을 가할 순간을 노리는 결정적 도구가 바로 막대에 단 붉은 천 물레타이다. 황소를 몰 때 무용수처럼 절도 있는 몸동작 또한 로메로가 확립시켰다. 이후 대대로 투우사를 배출하며 로메로 가문은 투우 명문가로 등극했다.

헤밍웨이의 산책로를 지나 누에보 다리를 건넜다. 가로수로 심어놓은 오렌지나무 아래를 지날 때마다 은은한 오렌지꽃 향기가 났다. 누에보 다리 아래 협곡으로 가는 길에 노란 유채꽃이 활짝 피어 있었다. 골짜기에서 불어온 미풍에 유채꽃이 한들거렸다. 협곡 반대편에는 올리브 농장과 구불구불한 시골길이 어우러진 대지가 광활하게 펼쳐졌다.

결국 살면서 절벽 끝에 몰리더라도 론다를 떠올리면 마음이 조금은 단단해질 것 같은 느낌이 들었다. 헤밍웨이가 매료된 것은 론다의 아름다운 풍광만이 아니다. 헤밍웨이는 말년을 이곳에서 보내며 화가 '피카소'와 함께 투우 경기를 즐기고 소설『누구를 위하여 종을 울리나』도 집필했다. 그의 생애 마지막 생일도 론다에서 맞았다고 한다.

미얀마* 천년고도 '바간'

동남아 여행을 즐기는 편이지만 미얀마는 생각뿐 도전해 보지 않은 미지의 여행지로 남아 있었다. 그런데 갑자기 동기생 부부들과 의견 투합해 드디어 자유여행 길에 오르게 됐다. 아웅산 수지의 민주화 운동 결실로 군사정권을 끝내고 문민정부 출범을 앞두고 있는 상태였다.

정치적으로 불안정했던 지난 시간 속에서도 아시아 어떤 나라와 비교해도 뒤지지 않을 만큼 뛰어난 유적지와 관광자원이 많은 나라이다. 그래서인지 세계 여행자들의 발길이 끊이지 않는다. 과거 찬란했던 불교사원들은 그야말로 백미격이다.

미얀마의 양곤, 바간, 만달레이를 일정에 넣었지만 그중에서도 바간은 아름다움과 역사적 가치에서 단연 발군이라고 할 수 있다. 익히 알려진 캄보디아의 앙코르와트와 비견되는 불교 유적지로서 지금도 수많은 관광객이 방문하고 있다.

역사적으로 바간은 중국과 인도를 잇는 교통 요지로서 일찍이 번성했던 곳이다. 바간 왕조가 번성했던 11세기부터 13세기까지 이 드넓은 초원에 불교사원과 탑 수천 개를 지으며 번영을 했지만 1287년 몽골의 침략으로 결국 쇠퇴기에 접어들었다.

이후에도 조금씩 사원을 짓기도 했으나 극소수였고 5,000개에 이르던 많은 사원은 시간의 흐름 속에 조금씩 무너져 내렸다. 특히 1975년 이 지역에 일어난 지진이 큰 피해를 줬다. 그래도 현재 2,300개 정도의 사원이 남아 자리를 지키고 있다.

바간에서 하루 관광의 시작은 일출을 빼놓을 수 없다. 여러 사원에서 멋진 일출을 볼 수 있지만 가장 인기 있는 일출 광경은 '쉐산도 파고다'에서 만나볼 수 있다. 높은 계단 꼭대기에 올라 조금씩 떠오르는 태양과 그 사이로 물결처럼 흘러가는 열기구 모습을 바라보는 것은 바간에서의 백미라 할 수 있다.

좋은 자리를 잡고 싶다면 늦어도 아침 6시 반까지 도착하는 사전준비가 필요하다. 해가 떠오른 뒤 내려오면 바간을 대표하는 가장 크고 인기 있는 '쉐지곤 파고다'와 '아난다 사원'을 보면 된다. 높은 탑들로 이루어진 외관과 화려한 내관까지 두루 볼거리가 다양하다. 그 외에도 우뚝한 높이를 자랑하는 평원에 크고 작은 사원이 워낙 많아 선별적으로 탐방하면 된다.

한편 색다른 방식으로 일몰을 보고 싶다면 '이라와디'강을 따라 흐르는 보트에서 바간 풍경 바라보기를 추천하고 싶다. 요컨대 세상을 붉게 물들이는 노을빛에 비친 사원들을 가만히 보노라면 여기가 현세의 극락이 아닌지 의심하게 될지도 모르는 곳이 바간이다.

현재 바간은 크게 북쪽의 올드 바간과, 뉴 바간 그리고 '낭우'지역으로 나뉘어 있다. 올드 바간은 유적지가 가장 많은 곳이며 뉴 바간은 올드 바간에 살던 사람들을 유적지 보호 목적으로 일제히 이주시킨 주거 지역이자, 관광객을 위한 위락 시설이 밀집한 지역이다.

낭우는 오래된 시장이 있어 현지인들 발길이 끊이지 않으며, 배낭 여행자를 위한 게스트 하우스가 많아 특히 젊은 여행객이 많이 머무는 곳이기도 하다.

드넓은 들판 곳곳에 크고 작은 탑과 사원이 모여 있어서 관광객들이 찾는 유명한 사원뿐만 아니라 아무도 찾지 않는 작은 사원들을 돌아보며 자신만의 패턴으로 여행할 수 있다는 것은 바간이 가진 매력 중의 하나이다. 워낙 방대해 걸어서 다니기엔 쉽지 않고 대부분 마차로 이동하거나 오토바이, 자전거, 차량 렌탈 등을 택일하여 돌아다니는 방법이 좋다.

'바간' 여행을 마치고 마지막 여행지인 '만달레이'로 가는 마음은 잠시 무거웠다. 기독교 문화권은 약속이나 한 듯 온 세상에 부유한 문화를 꽃피우고 있지만 불교 문화권은 그 화려했던 과거 명성과는 달리 한 결같이 가난한 모습으로 크게 대별되기 때문이다. 한 국가를 부강하게 하는 원천은 종교의 힘이 아니라 지도자의 비전과 위기관리 능력이 아닐까 하는 생각이 들었다.

* 미얀마는 2021년 2월 쿠데타가 발발하여 현재 군사정부가 재집권중인바, 모든 국민이 열망하는 민주정부가 조속히 출범되기를 기원한다.

남한산성 '망월사'

서울 근교에 드라이브코스 중 자주 찾는 곳 중에 남한산성이 있다. 조선시대 인조가 삼전도에서 '삼배구고두'를 하며 주권을 내준 역사적 굴욕이 서린 현장이기도 하다. 설 연휴 마지막 날 가족과 함께 드라이브를 하며 역사의 현장을 둘러보았다.

오늘날의 남한산성은 인조 2년에 대대적인 축성공사를 시작하여 인조 4년에 완공하였는데 이때 왕은 해동선사 제8대 조사인 벽암각성 선사를 팔도 도총섭 주장으로 임명하여 전국의 승군을 모아 남한산성을 축조하고 승병을 훈련시켜 군기, 화약, 군량미를 보관하고 적을 방위하는 역할을 맡겼다. 당시에는 약 11킬로미터에 달하는 성곽 내에 여러 성문, 암문을 비롯하여 행궁, 4장대와 9개의 사찰이 있었다.

이 중 망월사는 남한산성 내에 있는 9개 사찰 산성의 승병을 관할하던 절로 태조 이성계가 한양에 도읍을 정할 때 한양의 장의사를 허물고 그곳의 불상과 금자화엄경, 금정 1좌를 이곳으로 옮겨 두었다. 국가와 산성을 수호하던 구사九寺는 일본군에 의하여 화약과 무기가 많다는 이유로 1907년 8월에 장경사 요사채 일부만을 남겨두고 전소되었다. 현재 성내에는 망월사를 비롯하여 4개의 절만이 복원된 상태이다.

경기도 기념물 제111호로 지정되어 있는 망월사지는 1989년 성법 비구니 스님에 의해 동국대학교 박물관 주관으로 발굴되었고 그 터에 이후 많은 전각을 세우고 복원 불사를 일으켜 완전히 면모가 일신되었다. 대웅보전과 극락보전은 고려시대 양식으로 복원되었으며 현재 조계종 비구니 수도원으로 운영되고 있다.

대웅보전 우측에 위치하고 있는 사리탑은 망월사를 복원한 성법원장 스님에 의해 인도 인디라 간디 수상으로부터 직접 모셔온 진신사리를 봉안한 13층 석탑으로 조선시대 병자호란 때 전몰한 승병들의 왕생극락을 발원하고 남북통일을 기원하는 보탑으로서 현세의 부처님께서 현현하신 '적멸보궁'이라 한다.

남한산성을 뒤로하고 내려오는 소회는 편치 않았다. 현재의 산성 내부에는 위락시설이 빼곡히 들어 있어 먹고 즐기는 환경으로 변모하였고 과거 우리의 쓰라린 역사와는 거리가 멀었다. 이스라엘 민족이 '통곡의 벽'에서 임관식을 하며 와신상담하는 것처럼, 우리나라 젊은 간성의 임관식을 치욕의 현장인 삼전도에서 하는 방안은 어떨까 하는 생각이 스쳤다.

부산 유엔기념공원 영웅들

부산광역시 남구 대연동에 있는 유엔기념공원에는 13만 4,000제곱미터의 넓은 부지에 6·25전쟁 당시 대한민국을 위해 싸우다가 숨진 11개국 2,300여 구의 유해가 영면하고 있다. 그 후 세계 유일의 유엔군 묘지인 이곳은 애초 전쟁에 참전했던 21개국의 전사자 등 무려 1만 1,000여 명의 유해가 안장되기에 이른다.

벨기에 등 일부 국가는 자국 방침에 따라 유해를 이장해 지금에 이르렀다. 1951년 1월 유엔군사령부가 전사자의 공동묘지로 조성한 이곳은 2001년 유엔기념공원으로 명칭을 변경, 유엔군 전몰장병들을 기리는 장소로 발전했다. 각국의 수많은 참전용사가 영원한 안식을 취하고 있는 이곳에는 각자의 사연들이 빼곡히 담겨 있다. 참전 계기, 전사 이유 등은 저마다 다르지만 이 모든 것의 공통점이 있다면 바로 자유와 대한민국에 대한 사랑일 것이다.

묘지 곳곳에는 죽음으로도 갈라놓을 수 없는 애틋한 사랑과 관련된 사연들도 자리하고 있다. 특히 눈길을 끄는 것은 2010년 4월 전사한 남편을 따라 이곳에 합장된 '낸시 허머스톤' 여사의 이야기이다. 허머스톤 여사는 1950년 10월 3일 낙동강 전선에서 전사한 호주군 소속 '케네스 존 허머스톤'(당시 34세) 대위의 아내이다. 허머스톤 대위는 일본에서 주둔하던 당시 간호장교였던 낸시와 3년여 동안 열애한 끝에 결혼했다.

하지만 결혼 일주일 만에 결정된 6·25전쟁 파견명령으로 허머스톤 대위는 망설임 없이 대한민국 수호를 위해 참전을 결정했다. 그리고 치열한 전투 중 결국 결혼 1년여 만에 전사하고 만다. 홀로 된 허머스톤 여

사는 평생 남편을 그리워하며 지내오다가 2008년 10월 향년 91세로 세상을 떠나면서 "나를 꼭 남편 묘소 곁에 묻어 달라."라는 유언을 남겼다. 그렇게 그는 60년 가까운 세월 만에 평생을 그리워하던 남편과 함께 잠들었다.

또 1951년 11월 전사한 영국군 '제임스 헤론' 상병과 2001년 숨진 부인 '엘렌 헤론' 여사 역시 50년 만에 부산에서 해후했다. '영원히 함께 잠들다.'라는 묘비는 두 사람의 영원한 사랑을 한 마디로 압축하고 있다. 이 밖에도 미국의 '마테나', 호주의 '셰퍼드' 부부 등도 이곳에 합장됐다. 문득 가슴 뭉클한 영원한 사랑의 현장임을 느낄 수 있다.

술에 관한 이야기

우리나라 청소년이 처음 술을 접하는 나이는 평균 13세라고 한다. 10대와 20대 알코올 중독자와 고위험 음주군이 빠르게 늘어나는 추세다. 요즘 삼포시대(연애·결혼·출산 포기)라는 신조어가 나오는 사회 분위기로 보아, 젊은이의 술에 대한 탐닉의 정도는 더욱 깊어질 전망이다.

술은 오랜 역사를 가지고 있다. 포도주는 대략 기원전 4000~5000년경부터 만들어진 것으로 추산된다. 그 후 12세기경에는 아일랜드에서 보리를 발효시켜 증류한 술을 마셨다. 이것이 스코틀랜드에 전파돼 '위스키'를 탄생시켰다. 같은 시기 러시아에서는 '보드카'가 만들어졌고 14세기경에는 프랑스에서 '브랜디'가 제조된다. 17세기경에는 네덜란드에서 '진'이, 멕시코에서는 '데킬라'라는 술이 만들어졌다.

통상 우리가 마시는 술은 구강, 식도를 통해 위장에 도달되는데 일부 20~30퍼센트는 위에서 흡수되고 나머지 대부분은 소장과 대장으로 전달돼 흡수된다. 알코올 도수가 높은 술을 공복이나 음식을 먹지 않은 상태에서 장시간 마시면 위장의 상피점막세포들을 자극하고 손상을 입혀 염증을 일으키고 위궤양도 일으킬 수 있다.

최근 연구에 따르면 위염 혹은 위궤양을 일으킨다고 알려진 '헬리코박테리아'를 갖고 있는 사람이 음주를 많이 하면 위염이나 위궤양으로 진전되는 속도가 더욱 빠르다는 것이다. 술에 가장 직접적인 손상을 받는 장기는 간이다. 술은 알코올성 지방간, 알코올성 간염, 간경화증과 간암을 일으킬 수도 있다.

또 뇌에는 다른 신체 기관보다 많은 혈액이 공급되기 때문에 혈관에 흡수된 알코올 성분은 뇌에 즉시 영향을 미치게 된다. 알코올의 흡수량에 따라 처음에는 기분 좋은 이완상태를 느끼다가 차차 말이 많아지고 자제력을 잃게 된다. 일반적으로 우리 몸이 알코올을 섭취하게 되면 간에서 알코올을 해독하게 되는데 이러한 과정에서 '아세트알데히드'가 만들어진다.

아세트알데히드의 독성 때문에 두통과 어지러움, 오한, 얼굴 홍조, 갈증 등이 발생한다. 또한 알코올이 간에서 대사되면서 에너지원으로 먼저 작용하기 때문에 술과 함께 먹은 음식의 열량은 몸에서 에너지원으로 쓰일 기회를 잃어버린다. 이미 알코올이 에너지를 내고 있기 때문에 부가적으로 섭취된 영양분들은 지방으로 전환돼 저장될 뿐이다.

술은 잘 활용하면 약이 될 수 있지만 지나치면 치명적인 독이 될 수 있다. 술에 관련한 경구 중 하나로 "음주의 제1단계는 '사람이 술을 마시는 단계'이고, 제2단계는 '술이 술을 부르는 단계'이며, 마지막 단계는 '술이 사람을 희롱하는 단계'라고 한다." 술은 제1단계에서 절주하는 결단이 필요할 것이다.

'막걸리' 이야기

비가 반갑게 내리는 날은 '막걸리' 한 잔에 회포를 풀기 딱 좋은 날이다. 비 오는 풍경을 바라보며 갓 나온 파전에 막걸리를 걸치는 것만큼이나 운치 있는 일이 또 있을까. 감성을 젖게 하는 막걸리지만 사람들은 의외로 막걸리에 대해 잘 모르는 부분이 있다. 막걸리에 관한 유익한 진실을 밝혀 앞으로 더 많은 민속주를 애음할 수 있게 되길 기대한다.

시중 상품마다 차이가 있지만 보통 생막걸리 100밀리리터에는 1억~100억 마리의 유산균이 들어있다. 이는 요구르트의 100배 이상에 달하는 양으로 장 건강을 활발하게 해주고 유해성분을 없애는 효과가 있다. '막걸리가 뒤끝이 안 좋다'는 말은 이제 속설이 되었다. 예전에는 발효 기간을 줄이고 생산원가를 아끼려고 업체들이 막걸리에 화학물질인 '카바이드'를 넣는 꼼수를 부리곤 했다.

이에 막걸리를 마신 다음 날 숙취와 두통을 호소했다. 그러나 요즘에는 이러한 화학물질이 거의 들어가지 않는다. 장수막걸리 흰색 뚜껑은 국내산 백미, 녹색 뚜껑은 수입산 백미를 의미한다. 막걸리는 흥미로운 사실 몇 가지가 있다.

'동동주'와 '막걸리'는 미묘하게 다르다. 한국소비자원 공식 블로그에 따르면 동동주와 막걸리는 찹쌀과 멥쌀 등의 곡물 재료와 발효과정은 같다. 곡물을 찐 다음, 물과 누룩을 섞어 발효시킨 뒤 시간이 지나면 맑은 술과 쌀알이 위로 뜬다. 이 윗부분을 퍼내 담으면 '동동주'가 된다. 이와 달리 '막걸리'는 술이 발효된 뒤 찌꺼기를 걸러내고 물을 섞어가며 휘휘 저은 채로 마시는 민속주이다.

그러나 다른 술보다 칼로리가 훨씬 낮다. 술 100밀리리터를 기준으로 와인의 칼로리는 70~74킬로칼로리, 소주는 141킬로칼로리, 위스키는 250킬로칼로리 정도이다. 이에 반해 막걸리는 1잔에 40~70킬로칼로리로 다른 술에 비해 매우 낮다. 같은 양을 마셔도 열량 걱정이 덜하다고 보면 된다. 한편 이왕이면 흔들어 먹는 것이 좋다. 한국식품연구원 식품분석센터 '하재호' 박사 연구팀은 막걸리 아래 가라앉은 부분에 항암물질인 '스쿠알렌'과 '파네졸'이 많이 들어있다고 발표했다.

연구팀은 "맥주에 비해 스쿠알렌이 200배나 많다"며 "물론 막걸리도 술인 만큼 많이 마시면 건강에 좋지 않지만 마실 경우에는 흔들어 먹는 것이 좋다."고 했다. 막걸리의 효능은 매력적이다. 막걸리는 소주나 맥주와 다르게 지방간 억제 효과가 있다. 적당히 마시면 대표적인 막걸리 효능으로 간 기능 개선 효과가 있다.

또 막걸리의 유산균은 장 속의 균을 없애주는 역할을 해서 면역력을 높여준다. 그리고 막걸리의 달달한 맛은 위액 분비를 촉진시킨다. 입맛 없을 때 입맛을 돌아오게 한다는 속설이 있다. 막걸리에는 식이섬유도 풍부하다. 장 활동을 도와주고 변비예방에도 좋다. 요즘 막걸리가 많이 보급되고 있는데, 이왕이면 서양의 포도주처럼 품격 있는 전통 민속주로 자리매김하길 기대해 본다.

'라면' 이야기

저자가 라면을 처음 접한 시기는 고교시절 서울에 유학하던 시기였다. 당시 삼양라면은 손쉽게 끓여 맛있게 먹던 좋은 추억의 음식이다. 전역 후 인도 여행 시에는 현지 음식이 안 맞아 매일 컵라면을 끓여 먹으면서 더욱 친숙한 나의 기호식품이 되었다.

그 후로는 해외여행 시마다 필수식품으로 챙기면서 이제는 라면 애호가로 인정받기에 이른 상태이다. 가끔 밥 먹기가 싫어지면 혼자 요리해서 먹게 되는 유일한 음식으로 자리매김을 했다. 그런데 자료를 찾아보니 라면의 도입된 배경은 절대빈곤시대의 절박한 대체 음식이다.

라면은 1963년 9월 15일 태어났다고 한다. 전쟁의 상흔이 채 가시지 않아 한국 사람들 모두가 힘들게 살아가던 1961년 어느 날 삼양식품(주) 전중윤 사장은 남대문시장을 지나다가 배고픈 사람들이 한 그릇에 5원 하는 꿀꿀이죽을 사먹기 위해 길게 줄을 선 모습을 본다.

'저 사람들에게 싸고 배부른 음식을 먹게 할 방법은 없을까.'

고민 끝에 전사장은 일본에서 라면을 제조하는 기술을 처음으로 들여오길 시도한다. 하지만 외화가 없고 국교가 단절됐던 때라서 라면을 제조하는 시설을 들여오기는 하늘의 별 따기였다.

정부가 가진 달러를 민간이 원화로 사던 그 시절, 한 라인에 6만 달러인 라면 제조시설을 수입하기에는 전사장도 돈이 부족했고 가난한 정부도 옹색하긴 마찬가지였다. 그런데 궁하면 통한다고 전사장은 당시 중앙정보부장이던 JP를 찾아간다.

"국민들 배 곯리지 말자."라는 전사장의 호소에 당시 나는 새도 떨어트릴 정도의 세도를 가진 JP는 마침 농림부가 가지고 있던 10만 달러 중 5만 달러를 전사장이 사도록 도와준다. 이를 계기로 두 사람의 우정도 이후 오랜 세월 이어진다.

신용장을 열고 전사장이 일본으로 갔지만 일본의 반응은 냉담했다. 일본도 어렵던 시절, 라면 제조시설을 국교도 없는 한국에 선뜻 팔려고 나서는 사람은 없었기 때문이다. 여러 곳을 수소문하다 전사장은 묘조식품의 '오쿠이奧井' 사장을 만나, 한국의 식량 사정을 이야기하며 도와달라고 청한다. 다음 날 대답을 들으러 다시 찾은 전사장에게 오쿠이 사장은 이렇게 말한다.

"당신 이야기를 듣고 많이 생각했다. 나는 한국에 가본 일이 없고 아직 국교 정상화도 안 됐지만 한국전쟁이 일본 경제를 재건해 준 셈이다. 당신들은 불행했지만 우리는 한국전쟁 덕분에 살아가고 있다. 내가 민간 베이스로 기술을 무상으로 제공하고 시설도 싼 가격으로 제공하겠다."

오쿠이 사장은 한 라인에 6만 달러라던 라면 제조시설을 두 라인에 2만 5,000달러로 즉석에서 발주를 해주었다.

또 면과 수프의 배합에 관한 일화도 있다. 전사장은 일본 현지에서 라면제작의 전 공정을 배웠지만 일본인 기술자들은 끝내 면과 수프의 배합 비율은 가르쳐 주지 않았다. 전사장이 끝내 비율을 못 배우고 서울로 돌아오는 날, 오쿠이 사장은 비서실장을 시켜 공항에서 봉투 하나를 전 사장에게 전해 준다. 비행기에서 뜯어보라는 그 봉투 안에는 기술자들이 펄펄 뛰며 비밀로 했던 면과 수프의 배합 비율이 적혀 있었다. 가난하고 굶주렸던 국민들의 배를 채워줬던 라면은 이렇게 눈물겨운 사연을 안고 1963년 9월 15일 삼양 '치킨라면'이라는 이름으로 태어났다. 당시 가격이 10원, 식당에서 김치찌개가 30원이던 시절이니 저렴한 가격이었음이 분명하다.

영화 「죽여주는 여자」

최근 영화관에서 화제가 되고 있는 「죽여주는 영화」를 집사람과 함께 감상했다. 데뷔 50주년 기념 작품인 배우 윤여정 주연 영화이다. 개봉 후 CGV 실관람객 평가 골든 에그지수 99퍼센트라는 경이로운 기록을 세우며 다양성 영화 부문에서 빛을 발하고 있다.

종로거리 박카스 아줌마의 애환이라는 말에 어떤 내용으로 영화가 진행될까 궁금하기도 했는데 영화의 주제는 잡탕밥처럼 다양한 소재를 다루고 있다. 노인 성매매, 트랜스젠더, 장애, 다문화가정, 안락사 그리고 죽음 등을 포괄적으로 다루고 있는 사회문제 고발작품이란 생각이 든다.

외면하고 싶지만 외면할 수 없는 소재를 다루며 중·장년층들을 극장으로 몰려들게 하고 있다. 무거운 주제가 그저 무겁게만 보이지 않았던 것도 특징이다. 촬영 일주일 전까지 영화를 엎을까 말까 고민했다는 이재용 감독의 추진력과 뚝심에 박수를 보낸다.

굳이 알고 싶지 않지만 건드려줘 감사한 작품이라고 평가하고 싶다. 우리 사회가 안고 있는 문제점을 고발하는 영화로 한 번쯤 봐야 할 영화가 아닌가 하는 생각이다. 핵심 줄거리는 가난한 노인들을 상대하며 먹고 사는 여자 '박카스 아줌마'가 과거 고객이었던 노인들 중에 몸이 쇠약하여 사는 게 힘들어 죽고 싶은 고객들의 간절한 요청으로 진짜 죽여주는 사연들이다.

윤여정이라는 배우 한 명으로 모든 것이 설명된다. 윤여정이 아니었다면 과연 이 영화가 이토록 멋진 영화로 보일 수 있었을지 의구심이 들 정도로 「죽여주는 여자」는 윤여정을 위해 준비된 작품처럼 보인다. 메마른 감정 연기는 삶의 굴곡을 엿보이게 했다.

우리 사회가 안고 있는 굵직한 메시지를 담았지만 어렵지 않게, 힘들지 않게 담담하게 풀어낸 것도 능력이다. 전달하고자 하는 내용도 명확하게 보인다.

다양한 소외 계층을 여러 캐릭터를 통해 등장시켰지만 한 가족처럼 절묘하게 어우러진다. 우리가 알아야 할 실제 사회현실들이라 더욱 슬프다.

앞으로 초고령사회의 임박을 앞두고 있는 현실이다. 약하고 어렵고 가난한 불특정 노인들 삶의 질이 사회적으로 한층 나아지기를 기원한다.

영화 「일사각오」

우연히 만난 명성교회 구역장님이 주기철 목사의 이야기를 담은 영화 초대권을 주어 감명 깊게 감상했다. 결국 보기 드문 성직자의 지조에 감동하며 감격의 눈물도 흘렸다.

오늘날 저와 같이 양심과 대나무 같은 절개를 지킬 사람이 과연 몇 명이나 있을까 하는 의구심도 생겼다. 주기철 목사는 일제 강점기에 신사참배에 반대해 갖은 고문을 당하면서도 자신의 신앙을 지킨 분이다. 나라와 민족을 위해 끝까지 저항한 한국기독교의 상징적인 인물인 동시에 대표적인 순교자이다.

그가 47세의 젊은 나이에 옥사하며 유일하게 남긴 유산은 '일사각오'라는 네 글자로 대표된다. 오직 믿음으로 거대한 일제 권력에 맞서 싸운 주기철 목사의 신앙과 삶이 생생한 증언과 당시 상황 재연을 통해 감동적으로 전개되었다.

열세 살 주기철은 한일강제합병으로 나라를 잃고 그해 성탄절에 처음으로 교회에 나가 '하나님'을 만나게 된다. 그가 목사 안수를 받던 1925년 서울 남산에는 조선 신궁이 세워졌다. 이후 황국신민화 정책을 내세운 일본은 천황이 사는 곳을 향해 절하는 궁성요배와 신사참배를 강요했다. 조선인의 생명과 정신까지 무한 수탈하겠다는 것이 일본의 정책이었다.

이에 반대하며 '일사각오'의 길을 걸어간 주기철은 광복을 1년 앞둔 1944년 마흔일곱 살의 나이로 순교한다. 그의 일대기는 감동과 함께 우리에게 신선한 충격을 주었다. 오산학교를 졸업한 주기철은 1919년 3.1운동에 참여했으며 스승 조만식과 전국을 순회하며 '물산장려운동'도 펼

쳤다. 풍전등화와 같은 조국의 현실 앞에서 기독교 사상을 바탕으로 한 그의 민족정신은 '신념'을 잊고 살아가는 현대인들에게 어떤 메시지를 전해주는 듯했다.

일제의 탄압에 못 이겨 조선예수교장로회마저 신사참배를 결의하기에 이른다. 그러나 기독교는 여전히 일제통치에 가장 큰 걸림돌이었다. 당시 일제에 맞서다 목회자와 신도 2천여 명은 검속되고 그중에 50여 명이 목숨을 잃었다. 종교적 신념을 넘어 한국기독교의 독립 운동사를 새롭게 조명한 면도 있다.

결국 우리에겐 '일사각오'라는 믿음의 유산이 남았다. 그가 걸어간 '신사참배 반대'의 길은 기독교라는 특정 종교의 신념을 넘어선 '범인류적 양심이자 가치'였다. 자신의 신념을 죽음으로써 지켜낸 주기철의 삶은 오늘을 사는 우리에게 묻고 있다. 진정한 신념이란 무엇인가?

주기철 목사님의 순교 후에도 믿음의 유산은 계승되었다. '일사각오'의 유산을 물려받은 신도들의 저항은 일제의 식민통치를 종식하는 견인차가 되었다. 한편 사랑의 순교자 손양원 목사님도 주기철 목사님의 제자였다는 것을 알게 되면서 선배를 본받아 그 믿음은 계속 대물림되고 있다는 생각이 들었다.

추천사

이게 행복이야!

친구인 박태순 저자의 부탁을 받고 상당히 망설였다. 군 생활을 같이 동시대에 비슷한 환경과 기간 함께 했는데 책을 엮으며 추천사를 부탁하니 부담이 많이 되었다. 메일로 보내 온 『9988 행복 여행』을 출력하여 사무실에서 짬 날 때마다, 차량으로 이동하면서 짬짬이 읽다 보니 부담스러웠던 마음이 사라지고 재미있고 공부가 되면서 남의 일이 아닌 나의 일이요, 나의 자화상이라는 생각이 들었다.

행복!

누구든지 일생을 살면서 행복 하고 싶지 않은 사람이 어디 있을까? 흔히들 가까이 있는데도 멀리서 찾는다는 말도 하고, 큰 것이 아닌 작은 것이라고도 하고, 어려운 것이 아닌데도 어렵다고 하고, 남이 주는 것이 아닌데도 남에게서 바란다고 한다. 박태순 친구는 이런 화두를 잘 정리하면서 제일 먼저 시작한 주제가 '감사'라는 데 무조건 공감했다. 누구든 군생활 정년을 채우고 나왔다면 그것만으로도 감사할 일이다. 그 외에도 논리적으로 혹은 경험치로 기술하였기에 내용면에서 아무도 부정을 하지 않을 것이다.

그 바탕에는 긍정과 사랑이 있어야 한다는 것도 어찌 이의를 달 수 있겠는가? 저자는 자신이 평생을 살면서 체험적으로 얻은 경험과 많은 독서를 통해서 얻은 지식을 연결해서 우리에게 '이게 행복이야'라고 들려주고 있다. 단순한 지식만 전달하려고 한다면 공감할 수도 없을 것이고 또 자신의 경험만 나열한다면 사람은 모두 다른 환경에서 살고 있기 때문에 공감도가 떨어지겠지만 둘을 결합시키니 누가 책을 읽어도 고개를 끄덕이며 자신의 자산으로 삼겠다는 마음을 먹게 된다.

제3부에서는 건강에 많은 지면을 할애하였다. 젊어서야 건강은 스스로 관리하지 않아도, 마치 새 차를 출고 받아서 운행을 하면 가속페달을 밟으면 밟는 대로 힘찬 소리를 내며 달리는 것과 같다. 그러나 그 차도 한 해 두 해를 지나면서 고장이 나기 시작하고 부품이 마모되어서 교체해야 하는 상황이 저절로 온다. 그런데 젊었을 때는 어른들이 충고를 해도 귀담아 듣지 않고 있다가 자신이 나이를 먹으면서 느끼게 된다. 마치 자동차가 달리다가 시동이 꺼지고 주행 중에 멈추어야 아차 하는 것과 같다고나 할까. 저자가 일상의 건강관리에 대해서 많은 내용을 정리했는데 한 살이라도 젊은 사람들이 읽고 실천한다면 100세 시대에 120세까지 건강하게 생을 영위할 수 있을 것으로 생각한다.

제4부에서 노후 대비에 대한 글들을 읽으면서 저자 자신이 경험치를 가지고 젊은 사람에게 알려 주고 싶은 모음집을 만든 것으로 보였다. 자신은 이미 다 대비했는지는 모르겠지만 본인도 이제는 누가 무어라 해도 노인인데 아닌 것처럼 말할 수는 없을게다. 인생은 생사고락이라고 말하듯이 태어나서 힘들고 아프고 짬짬이 행복하기도 하고 결국은 어떤 누구도 거부할 수 없는 지구에서의 삶을 마감하고 미지의 세계로 떠나야 한다. 앞장에서 건강을 기술했지만 이 장도 결국은 건강이 노년의 가장 중요한 주제일 수밖에 없음이 한 번 더 보였다.

제5부 '큰바위 얼굴'들의 메아리는 우리가 알고 있는 막연한 위인들의 업적과 배경을 이해하기 쉽게 정리한, 그분들에 대한 식견을 쌓을 수 있는 요약이라고 할 수 있다. 더 나아가 관심 있는 특정한 인물에 대해서는 더 공부할 수 있는 동기를 찾을 수 있도록 꾸몄다.

제6부 일상의 작은 행복이라는 장에서는 몹시 부러움을 느꼈다. 사람마다 자신의 삶에 만족할 수도 없고 남들의 경험을 나도 모두 할 수는 없는 시간과 공간의 제한이 있다. 전역을 하고 3개월 선거운동을 하고 이어서 국회의원이 되어서 정말 바쁘고 복잡하게 살다 보니 10년이 훌쩍 지나고 개인이 가질 수 있는 여유가 없다 보니 '문화 탐방' '먹거리' '영화' 등 이런 단어들이 내게는 멀리 있는 단어가 되었다. 저자의 책을 읽으며 부럽다는 생각에 이르고 아내에게 미안한 생각이 앞섰다. 한 살이라도 젊었을 때 여행을 가라고 하는데 마음에 맞는 친구들과 함께 해외든 국내든 여행을 한다면 풍광과 문화의 다른 맛을 보겠지만 그보다도 '친구'라는 동반자들이 있기에 더욱 즐거웠을 것이다.

저자는 할머니 시인 '시바타 도요'의 「약해지지 마」를 소개하면서 노익장이라도 삶의 행복을 끝없이 추구할 수 있다는 강한 메시지를 독자들에게 암시했다. 책을 다 읽고 같은 길을 같이 걸어갈 수는 없지만, 박태순 친구는 누구보다도 알차고 값진 삶을 살아왔고 살고 있으며 앞으로도 그렇게 살 것이라는 믿음이 생긴다. 독자들도 똑같이 살 수는 없지만 많은 영양가를 이 책 속에서 얻어 간다면 인생이 행복한 여행이 될 것이라 장담한다.

국회의원 한기호

추천사

오랜 수련과 자기계발의 성과 공유

친구의 자전적 행복서를 접하고 참으로 격세지감을 느끼지 않을 수 없었다. 1960년대 말 매년 보릿고개를 넘어야 했던 그 시절, 빡빡 깎은 머리에 교복 한 벌로 고등학교를 보내야 했던 그 시절. 지금도 그때에 태순이를 생각하면 어려운 여건 속에서도 유난히 빛났던 두 눈이 생각난다.

조국을 사랑하고 학교를 사랑하고 친구와 의리를 지키려는 마음과 낭만을 찾으려는 마음, 이 모든 것들이 10대 고등학교 학생 시절의 박태순이었다. 당시 그가 육군사관학교에 합격 했을 때가 기억난다. 지금은 이해하기 힘들겠지만 당시의 육군사관학교는 지성과 체력을 겸비한 우리나라 최고 젊은이의 명예로운 대학이었으니 출신학교는 물론 모든 재학생들이 합격을 열광하는 축제의 주인공이었다.

사람은 세월이 지나면서 변한다. 어떤 이는 오랜 수련과 자기계발을 통해 나이가 들면서 더욱 존경받고 성숙되어가는 반면, 또 어떤 이는 고된 세월의 역경을 이기지 못하고 실패와 좌절 속에 나이가 들면서 몸과 마음이 지치고 병이 들며 자신의 처지를 한탄하기도 한다.

이제 10대의 고등학교 친구가 70고개를 넘으면서 우연히 마주 본 태순이는 나이가 실감이 나지 않을 만큼 당당하고 눈빛은 더욱 빛나있었다. 그는 육군사관학교를 마치고 대대장, 연대장, 부사단장, 육군사관학교 교무처장, 국방부 특별감사실장 등 우리나라 군의 요직을 두루 거치면서 오직 명예와 정의를 생명처럼 여기며 조국에 헌신했다.

하지만 내가 더 자랑스러운 것은 전역 후의 모습이다. 군의 특성상 지휘관과 최고요직을 거치고 전역하여 사회에 나오면 쉽게 적응하지 못하고 추억 속에 자신을 가두고 사는 경우가 많은데, 이 친구는 퇴역 후 자신의 경험과 노하우를 후배에게 전해주기 위해 합참과 육군본부에서 무려 9편의 정책논문을 썼으며 지금도 끊임없이 자신의 능력과 경험을 다해 조국에 봉사하는 열정적인 삶을 살고 있다.

 누가 그를 노인이라고 부르랴. 누가 그를 퇴역군인이라고 부르랴. 이 책을 읽으면서 진정 성공적인 인생을 사는 사람은 바로 친구 박태순이라는 생각이 부러운 마음속에 자리했다.

절벽에 앉자 쉬던 갈매기가

꽃의 씨앗을 물고 날아가 앉으니

온 바다가 너울너울

꽃밭이다.

임영석의 시 「파도」이다.

 친구 박태순은 자신의 모든 삶을 조국에 보내고 조용히 쉼을 명받았지만 그의 입속에는 꽃의 씨앗을 물고 바람을 좇아 입을 벌리고 있다. 행복의 씨앗, 건강의 씨앗, 아마도 그는 통일조국의 화려한 꽃밭을 기대하나 보다.

한반도평화통일재단 회장 박영대

추천사

행복은 마음의 문제

이 책은 행복에 대한 종합 안내서이다. 우리가 여행을 갈 때 안내서를 보고 어떤 경험을 할지 계획하듯, 이 책을 보면 행복한 삶을 살아가기 위한 이정표들이 상세하게 안내되어 있다. 책을 보고 그대로 실천하기만 하면 된다. 본인은 평소 '행복한 삶은 무엇인가', '왜 행복한 삶을 살아야 하는가'에 대한 고민을 하곤 했다. 이런 생각들을 하는 사람들이 아마 많을 것이다. 여러 책이나 강연들에서 보면 행복한 삶을 살라고 한다. 왜 행복하게 살아야 하는지, 어떤 삶이 행복한 삶인지에 대해 말하는 책이나 강사는 거의 없다.

이 책은 저자가 살아온 세월과 경험을 직접 보여주며 어떤 삶이 행복한 삶이고, 행복하게 살아야 하는 이유까지 알 수 있다. '행복이 긍정에서 온다'는 출발에서 '지금을 즐겨야 한다'는 것을 동서양 역사와 문화, 건강, 먹거리 등 다방면을 통해 소개하고 있다. 우리가 행복 여행을 갈 때 필요한 준비물부터 관광지, 맛집, 숙박 정보까지 이 책 한 권에 모두 담겨 있다. 특히 웰 에이징Well-aging과 노후의 삶에서도 행복을 찾고, 행복하게 살아가는 방법들이 있어 남녀노소를 불문하고 온 가족이 함께 읽을 수 있는 책이다.

우리나라는 초고령화 사회로 진입하면서 노후에 혼자 남는 사람, 늙는 것이 두렵고 외로운 사람, 심리적으로 문제를 겪고 있는 사람들이 많아지고 있다. 아마도 100세 시대에 불행하게 100세까지 살다가 가길 원하는 사람은 아무도 없을 것이다. 나이를 먹다 보면 행복의 기초가 되는 것이 바로 건강이다. 이 책은 인지·정서적인 행복뿐만 아니라 행동적인 측면에의 행복까지 다루고 있다. 행복한 삶은 머리로만 하는 것이 아니라 몸이 튼튼하고 건강해야 한다는 것을 잘 알려주고 있고, 어떻게 건강하게 노후를 맞이할 것인지 구체적인 정보들을 담고 있다.

본인은 아직 인생의 반도 살지 않았지만, 앞으로 중년과 노년의 삶을 어떻게 살아야 하고, 어떤 가치관으로 살아야 할지 이 책을 통해 방향을 잡을 수 있었다. 본인도 저자처럼 행복하게 나이를 먹어가고 싶다. 아직 먼 얘기 같지만 금방 다가올 이야기를 미리 만나보는 것으로 큰 도움이 된다. 나아가 온 가족들이 함께 읽으면 좋은 책이다. 가족들이 함께 모여 행복한 삶을 살아가기 위한 계획을 함께 세워보고 실천해 나간다면 얼마나 좋을까?

요즘 같은 코로나19 시대에서 행복한 삶, 지금을 즐기고 사랑하며 긍정적인 자세로 받아들이는 삶이 중요해졌다. 광고인 박웅현 씨는 자신의 딸에게 "생활은 여행처럼 해. 이 도시를 네가 3일만 있다가 떠날 곳이라고 생각해. 프랑스 파리가 아름다운 이유는 거기에서 3일밖에 못 머물기 때문이야. 마음의 문제야."라고 했다. 우리도 이 책과 함께 행복여행을 떠나보자. 코로나19를 극복할 수 있다는 믿음을 가지고 우리도 행복을 주변에서 찾아보며 여행 온 것처럼 생활해 보자.

작가 겸 교사 김동현